Ivan Kouchnir

Économie de la Papouasie-Nouvelle-Guinée

Série "Economie dans les pays"

première publication: 2020
dernière mise à jour: 2021-01-22

Ivan Kouchnir. Économie de la Papouasie-Nouvelle-Guinée. Série "Economie dans les pays". - 2020. - 73 pages.

Ce livre sur l'économie de la Papouasie-Nouvelle-Guinée des années 1970 aux années 2010. Données source provenant de UN Data.

Taille. Dans les années 2010, le produit intérieur brut de la Papouasie-Nouvelle-Guinée s'élevait à 21,2 milliards de dollars par an; la valeur de l'agriculture était de 3,9 milliards de dollars; la valeur de l'industrie était de 5,3 milliards de dollars. Comme la part dans le monde était comprise entre 0,01% et 0,1%, le pays est classé une petite économie.

Productivité. Dans les années 2010, le PIB par habitant était de 2 643,7 dollars; l'agriculture par habitant était de 479,9 dollars; l'industrie par habitant était de 657,8 dollars. Étant donné que la productivité est inférieure à la moyenne inférieure à la moyenne, l'économie est classée comme moins développée.

Croissance. Dans les années 2010, la croissance du PIB était de 5,4%; la croissance de l'agriculture était de 2,6%; la croissance de l'industrie était de 10,2%.

Structure. Dans les années 2010, l'économie de la Papouasie-Nouvelle-Guinée était composée des secteurs suivants: services (28,8%), commerce (23,9%), agriculture (18,0%), industrie (14,2%), transport (11,5%), construction (3,5%).

Exportation et importation. Dans les années 2010, les exportations étaient supérieures de 7,4% aux importations, les exportations nettes représentant 3,7% du PIB. La structure technologique des exportations n'est pas meilleure que la structure des importations.

Consommation et reproduction. L'attitude de la reproduction vis-à-vis de la consommation n'est pas meilleure que la moyenne mondiale; ainsi la part du PIB dans le monde n'augmentera donc pas.

Série "Economie dans les pays": parallel.page.link/fr

© Ivan Kouchnir, 2020

Tous les droits sont réservés.

ISBN: 9798614483555

Contenu

Partie I. Taille — 4
- Chapitre I. Produit intérieur brut — 5
- Chapitre II. Valeur ajoutée — 9
- Chapitre III. Revenu national brut — 13

Partie II. Structure — 17
- Chapitre IV. Agriculture — 18
- Chapitre V. Industrie — 22
  - Chapitre 5.1. Fabrication — 26
- Chapitre VI. Construction — 31
- Chapitre VII. Transport — 35
- Chapitre VIII. Commerce — 39
- Chapitre IX. Services — 43

Partie III. Relations extérieures — 47
- Chapitre X. Exportations — 48
- Chapitre XI. Importations — 53

Partie IV. Consommation — 58
- Chapitre XII. Dépenses publiques — 59
- Chapitre XIII. Dépenses ménagères — 64

Partie V. Reproduction — 69
- Chapitre XIV. Formation de capital fixe — 70

Partie I. Taille

Chapitre I. Produit intérieur brut

Le PIB de la Papouasie-Nouvelle-Guinée est passé de 2,3 milliards de dollars par an dans les années 1970 à 21,2 milliards de dollars par an dans les années 2010, c'est-à-dire 18,9 milliards de dollars ou de 9,1 fois. La variation a été de 13,4 milliards de dollars en raison de l'augmentation de 2,7 fois des prix, et de 1,8 milliards de dollars en raison de la croissance de productivité de 1,3 fois, et de 3,7 milliards de dollars en raison de la croissance démographique. La croissance annuelle moyenne du produit intérieur brut était de 3,1%. La valeur minimale était de 1,1 milliards de dollars en 1970. La valeur maximale était de 25,0 milliards de dollars en 2019.

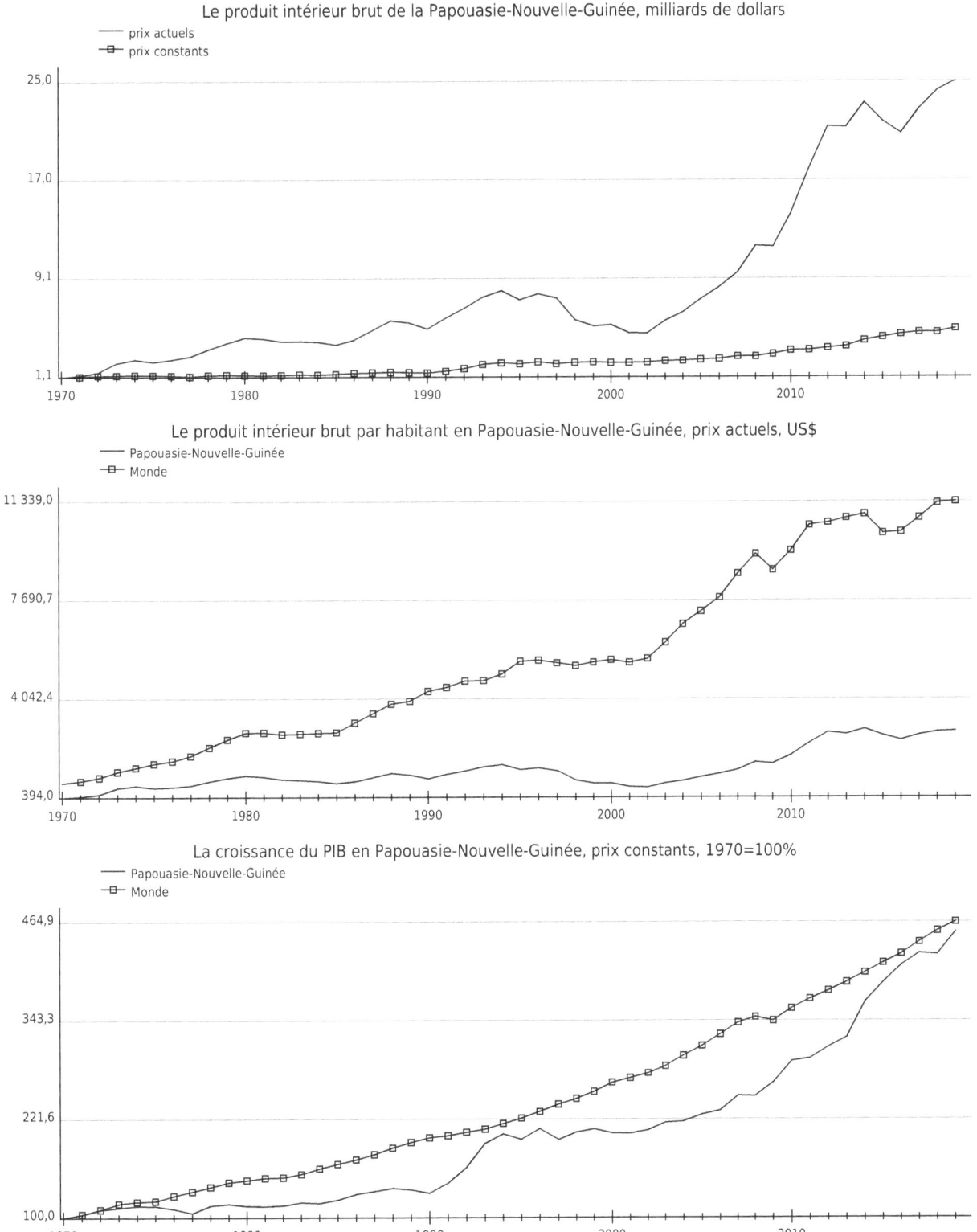

Les années 1970

Le produit intérieur brut de la Papouasie-Nouvelle-Guinée était de 2,3 milliards de dollars par an dans les années 1970, se situant au 92ème rang mondial à égalité avec l'Afghanistan (2,4 milliards de dollars), le Sénégal (2,3 milliards de dollars). La part dans le monde était de 0,036% et de 2,0% en Océanie.

Le PIB de la Papouasie-Nouvelle-Guinée était constitué des dépenses ménagères (49,3%), des dépenses publiques (28,1%) et de la formation de capital (21,7%).

Le produit intérieur brut par habitant en Papouasie-Nouvelle-Guinée était de 747.7 dollars dans les années 1970, se situant au 101ème rang mondial, à égalité avec le Vanuatu (745,9 de dollars), la Tunisie (758,0 de dollars), le Zimbabwe (732,8 de dollars). Le PIB par habitant en Papouasie-Nouvelle-Guinée était 2,2 fois inférieur le produit intérieur brut par habitant au Monde (1 620,8 US$), et 7,2 fois inférieur le produit intérieur brut par habitant en Océanie (5 398,2 US$).

La croissance du PIB en Papouasie-Nouvelle-Guinée était de 1.7% dans les années 1970, se situant au 161ème rang mondial, à égalité avec le Guyana (1,8%). La croissance du produit intérieur brut en Papouasie-Nouvelle-Guinée (1,7%) a été inférieure à celle du monde (4,1%), et inférieure à celle de l'Océanie (2,8%).

Comparaison avec les voisins. Le PIB de la Papouasie-Nouvelle-Guinée était supérieur à celui des Salomon (67,5 millions de dollars); mais inférieur à celui de l'Australie (97,1 milliards de dollars) et de l'Indonésie (33,7 milliards de dollars). Le produit intérieur brut par habitant en Papouasie-Nouvelle-Guinée était supérieur à celui des Salomon (354,2 de dollars) et de l'Indonésie (259,3 de dollars); mais inférieur à celui de l'Australie (7 112,5 de dollars). La croissance du PIB en Papouasie-Nouvelle-Guinée était inférieure à celle des Salomon (9,1%), de l'Indonésie (7,8%) et de l'Australie (2,9%).

Comparaison avec les leaders. Le produit intérieur brut de la Papouasie-Nouvelle-Guinée était inférieur à celui des États-Unis (1,7 billions de dollars), de l'URSS (649,4 milliards de dollars), du Japon (558,0 milliards de dollars), de l'Allemagne (484,2 milliards de dollars) et de la France (333,2 milliards de dollars). Le PIB par habitant en Papouasie-Nouvelle-Guinée était inférieur à celui des États-Unis (7 838,7 de dollars), de la France (6 214,9 de dollars), de l'Allemagne (6 148,9 de dollars), du Japon (5 011,3 de dollars) et de l'URSS (2 574,9 de dollars). La croissance du PIB en Papouasie-Nouvelle-Guinée était inférieure à celle de l'URSS (4,8%), du Japon (4,6%), de la France (3,9%), des États-Unis (3,5%) et de l'Allemagne (3,1%).

Les années 1980

Le produit intérieur brut de la Papouasie-Nouvelle-Guinée était de 4,4 milliards de dollars par an dans les années 1980, se situant au 93ème rang mondial à égalité avec le Brunei (4,3 milliards de dollars), le Honduras (4,3 milliards de dollars). La part dans le monde était de 0,029% et de 1,7% en Océanie.

Le PIB de la Papouasie-Nouvelle-Guinée était constitué des dépenses ménagères (56,3%), des dépenses publiques (25,0%) et de la formation de capital (24,1%).

Le produit intérieur brut par habitant en Papouasie-Nouvelle-Guinée était de 1092.2 dollars dans les années 1980, se classant au 113ème rang mondial, à égalité avec la Mauritanie (1 076,5 de dollars), le Cameroun (1 073,3 de dollars). Le PIB par habitant en Papouasie-Nouvelle-Guinée était 2,9 fois inférieur le produit intérieur brut par habitant au Monde (3 123,4 US$), et 9,5 fois inférieur le produit intérieur brut par habitant en Océanie (10 390,7 US$).

La croissance du produit intérieur brut en Papouasie-Nouvelle-Guinée était de 1.4% dans les années 1980, se situant au 142ème rang mondial. La croissance du produit intérieur brut en Papouasie-Nouvelle-Guinée (1,4%) a été inférieure à celle du monde (3,0%), et inférieure à celle de l'Océanie (3,1%).

Comparaison avec les voisins. Le produit intérieur brut de la Papouasie-Nouvelle-Guinée était supérieur à celui des Salomon (156,0 millions de dollars); mais inférieur à celui de l'Australie (217,1 milliards de dollars) et de l'Indonésie (101,2 milliards de dollars). Le produit intérieur brut par habitant en Papouasie-Nouvelle-Guinée était supérieur à celui de l'Indonésie (618,4 de dollars) et des Salomon (585,0 de dollars); mais inférieur à celui de l'Australie (13 928,5 de dollars). La croissance du produit intérieur brut en Papouasie-Nouvelle-Guinée était inférieure à celle de l'Indonésie (6,4%), de l'Australie (3,4%) et des Salomon (1,5%).

Comparaison avec les leaders. Le PIB de la Papouasie-Nouvelle-Guinée était inférieur à celui des États-Unis (4,2 billions de dollars), du Japon (1,8 billions de dollars), de l'Allemagne (990,0 milliards de dollars), de l'URSS (887,0 milliards de dollars) et de la France (729,5 milliards de dollars). Le produit intérieur brut par habitant en Papouasie-Nouvelle-Guinée était inférieur à celui des États-Unis (17 427,1

Chapitre I. Produit intérieur brut

de dollars), du Japon (14 970,9 de dollars), de la France (12 907,5 de dollars), de l'Allemagne (12 688,8 de dollars) et de l'URSS (3 222,9 de dollars). La croissance du produit intérieur brut en Papouasie-Nouvelle-Guinée était inférieure à celle de l'URSS (4,3%), du Japon (4,3%), des États-Unis (3,1%), de la France (2,3%) et de l'Allemagne (1,9%).

Les années 1990

Le PIB de la Papouasie-Nouvelle-Guinée était de 6,6 milliards de dollars par an dans les années 1990, au 102ème rang mondial à égalité avec la Bolivie (6,6 milliards de dollars), la Lettonie (6,8 milliards de dollars), la Jamaïque (6,5 milliards de dollars). La part dans le monde était de 0,023% et de 1,5% en Océanie.

Le produit intérieur brut de la Papouasie-Nouvelle-Guinée était constitué des dépenses ménagères (49,7%), de la formation de capital (21,3%) et des dépenses publiques (20,7%).

Le PIB par habitant en Papouasie-Nouvelle-Guinée était de 1291 dollars dans les années 1990, se situant au 125ème rang mondial, à égalité avec le Cap-Vert (1 307,2 de dollars), l'Afrique du Nord (1 315,9 de dollars). Le produit intérieur brut par habitant en Papouasie-Nouvelle-Guinée était 3,9 fois inférieur le PIB par habitant au Monde (5 020,1 US$), et 11,9 fois inférieur le PIB par habitant en Océanie (15 413,2 US$).

La croissance du PIB en Papouasie-Nouvelle-Guinée était de 4.5% dans les années 1990, au 58ème rang mondial, à égalité avec Bahreïn (4,5%). La croissance du produit intérieur brut en Papouasie-Nouvelle-Guinée (4,5%) a été supérieure à celle du monde (2,8%), et supérieure à celle de l'Océanie (3,3%).

Comparaison avec les voisins. Le produit intérieur brut de la Papouasie-Nouvelle-Guinée était supérieur à celui des Salomon (320,6 millions de dollars); mais inférieur à celui de l'Australie (373,5 milliards de dollars) et de l'Indonésie (186,9 milliards de dollars). Le PIB par habitant en Papouasie-Nouvelle-Guinée était supérieur à celui de l'Indonésie (953,4 de dollars) et des Salomon (902,5 de dollars); mais inférieur à celui de l'Australie (20 876,6 de dollars). La croissance du produit intérieur brut en Papouasie-Nouvelle-Guinée était supérieure à celle des Salomon (4,1%) et de l'Australie (3,3%); mais inférieure à celle de l'Indonésie (4,6%).

Comparaison avec les leaders. Le PIB de la Papouasie-Nouvelle-Guinée était inférieur à celui des États-Unis (7,6 billions de dollars), du Japon (4,3 billions de dollars), de l'Allemagne (2,2 billions de dollars), de la France (1,4 billions de dollars) et du Royaume-Uni (1,3 billions de dollars). Le PIB par habitant en Papouasie-Nouvelle-Guinée était inférieur à celui du Japon (34 325,0 de dollars), des États-Unis (28 654,0 de dollars), de l'Allemagne (27 003,8 de dollars), de la France (24 100,9 de dollars) et du Royaume-Uni (22 920,4 de dollars). La croissance du produit intérieur brut en Papouasie-Nouvelle-Guinée était supérieure à celle des États-Unis (3,2%), du Royaume-Uni (2,3%), de l'Allemagne (2,2%), de la France (2,0%) et du Japon (1,5%).

Les années 2000

Le produit intérieur brut de la Papouasie-Nouvelle-Guinée était de 7,5 milliards de dollars par an dans les années 2000, se situant au 124ème rang mondial. La part dans le monde était de 0,016% et de 0,90% en Océanie.

Le PIB de la Papouasie-Nouvelle-Guinée était constitué des dépenses ménagères (49,3%), de la formation de capital (19,1%) et des dépenses publiques (16,6%).

Le PIB par habitant en Papouasie-Nouvelle-Guinée était de 1161.8 dollars dans les années 2000, se situant au 156ème rang mondial, à égalité avec les Comores (1 161,9 de dollars), le Nicaragua (1 184,2 de dollars). Le PIB par habitant en Papouasie-Nouvelle-Guinée était 6,2 fois inférieur le PIB par habitant au Monde (7 176,3 US$), et 21,5 fois inférieur le produit intérieur brut par habitant en Océanie (24 984,1 US$).

La croissance du produit intérieur brut en Papouasie-Nouvelle-Guinée était de 2.5% dans les années 2000, se situant au 150ème rang mondial, à égalité avec la Hongrie (2,4%). La croissance du produit intérieur brut en Papouasie-Nouvelle-Guinée (2,5%) a été inférieure à celle du monde (3,0%), et inférieure à celle de l'Océanie (3,0%).

Comparaison avec les voisins. Le produit intérieur brut de la Papouasie-Nouvelle-Guinée était supérieur à celui des Salomon (438,9 millions de dollars); mais inférieur à celui de l'Australie (710,7 milliards de dollars) et de l'Indonésie (334,9 milliards de dollars). Le produit intérieur brut par habitant en Papouasie-Nouvelle-Guinée était supérieur à celui des Salomon (945,9 de dollars); mais inférieur à celui de l'Australie (35 218,6 de dollars) et de l'Indonésie (1 489,1 de dollars). La croissance du produit intérieur brut en Papouasie-Nouvelle-Guinée était supérieure à celle des Salomon (2,3%); mais inférieure à celle de l'Indonésie (5,1%) et de l'Australie (3,0%).

Comparaison avec les leaders. Le produit intérieur brut de la Papouasie-Nouvelle-Guinée était inférieur à celui des États-Unis (12,6 billions de dollars), du Japon (4,7 billions de dollars), de l'Allemagne (2,8 billions de dollars), de la Chine (2,6 billions de dollars) et du Royaume-Uni (2,3 billions de dollars). Le PIB par habitant en Papouasie-Nouvelle-Guinée était inférieur à celui des États-Unis (42 841,2 de dollars), du Royaume-Uni (38 399,3 de dollars), du Japon (36 386,2 de dollars), de l'Allemagne (33 966,8 de dollars) et de la Chine (1 954,1 de dollars). La croissance du produit intérieur brut en Papouasie-Nouvelle-Guinée était supérieure à celle des États-Unis (1,9%), du Royaume-Uni (1,7%), de l'Allemagne (0,73%) et du Japon (0,50%); mais inférieure à celle de la Chine (10,3%).

Les années 2010

Le PIB de la Papouasie-Nouvelle-Guinée était de 21,2 milliards de dollars par an dans les années 2010, se situant au 110ème rang mondial à égalité avec le Népal (21,7 milliards de dollars). La part dans le monde était de 0,027% et de 1,3% en Océanie.

Le PIB de la Papouasie-Nouvelle-Guinée était constitué des dépenses ménagères (59,7%), des dépenses publiques (21,2%) et de la formation de capital (15,4%).

Le PIB par habitant en Papouasie-Nouvelle-Guinée était de 2643.7 dollars dans les années 2010, se situant au 151ème rang mondial. Le produit intérieur brut par habitant en Papouasie-Nouvelle-Guinée était 4,0 fois inférieur le produit intérieur brut par habitant au Monde (10 603,1 US$), et 16,0 fois inférieur le PIB par habitant en Océanie (42 253,4 US$).

La croissance du PIB en Papouasie-Nouvelle-Guinée était de 5.4% dans les années 2010, se situant au 36ème rang mondial, à égalité avec l'Indonésie (5,4%), l'Irak (5,4%), l'Asie centrale (5,5%). La croissance du produit intérieur brut en Papouasie-Nouvelle-Guinée (5,4%) a été supérieure à celle du monde (3,1%), et supérieure à celle de l'Océanie (2,5%).

Comparaison avec les voisins. Le PIB de la Papouasie-Nouvelle-Guinée était 19,8 fois supérieur à celui des Salomon (1,1 milliards de dollars); mais 67,1 fois inférieur à celui de l'Australie (1,4 billions de dollars) et 44,0 fois inférieur à celui de l'Indonésie (933,9 milliards de dollars). Le PIB par habitant en Papouasie-Nouvelle-Guinée était 46,9% supérieur à celui des Salomon (1 800,1 de dollars); mais 22,7 fois inférieur à celui de l'Australie (60 077,9 de dollars) et 27,4% inférieur à celui de l'Indonésie (3 640,7 de dollars). La croissance du PIB en Papouasie-Nouvelle-Guinée était supérieure à celle de l'Indonésie (5,4%), des Salomon (4,3%) et de l'Australie (2,4%).

Comparaison avec les leaders. Le PIB de la Papouasie-Nouvelle-Guinée était 845,6 fois inférieur à celui des États-Unis (18,0 billions de dollars), 494,6 fois inférieur à celui de la Chine (10,5 billions de dollars), 246,1 fois inférieur à celui du Japon (5,2 billions de dollars), 172,4 fois inférieur à celui de l'Allemagne (3,7 billions de dollars) et 130,2 fois inférieur à celui du Royaume-Uni (2,8 billions de dollars). Le PIB par habitant en Papouasie-Nouvelle-Guinée était 21,3 fois inférieur à celui des États-Unis (56 220,1 de dollars), 16,9 fois inférieur à celui de l'Allemagne (44 732,1 de dollars), 16,0 fois inférieur à celui du Royaume-Uni (42 176,3 de dollars), 15,5 fois inférieur à celui du Japon (40 869,8 de dollars) et 2,8 fois inférieur à celui de la Chine (7 491,3 de dollars). La croissance du PIB en Papouasie-Nouvelle-Guinée était supérieure à celle des États-Unis (2,3%), de l'Allemagne (1,9%), du Royaume-Uni (1,8%) et du Japon (1,3%); mais inférieure à celle de la Chine (7,7%).

Chapitre II. Valeur ajoutée

La valeur ajoutée de la Papouasie-Nouvelle-Guinée est passé de 2,7 milliards de dollars par an dans les années 1970 à 20,4 milliards de dollars par an dans les années 2010, c'est-à-dire 17,7 milliards de dollars ou de 7,7 fois. La variation a été de 12,4 milliards de dollars en raison de l'augmentation de 2,6 fois des prix, et de 1,1 milliards de dollars en raison de la croissance de productivité de 1,2 fois, et de 4,2 milliards de dollars en raison de la croissance démographique. La croissance annuelle moyenne de la valeur ajoutée était de 3,1%. La valeur minimale était de 1,3 milliards de dollars en 1970. La valeur maximale était de 23,9 milliards de dollars en 2019.

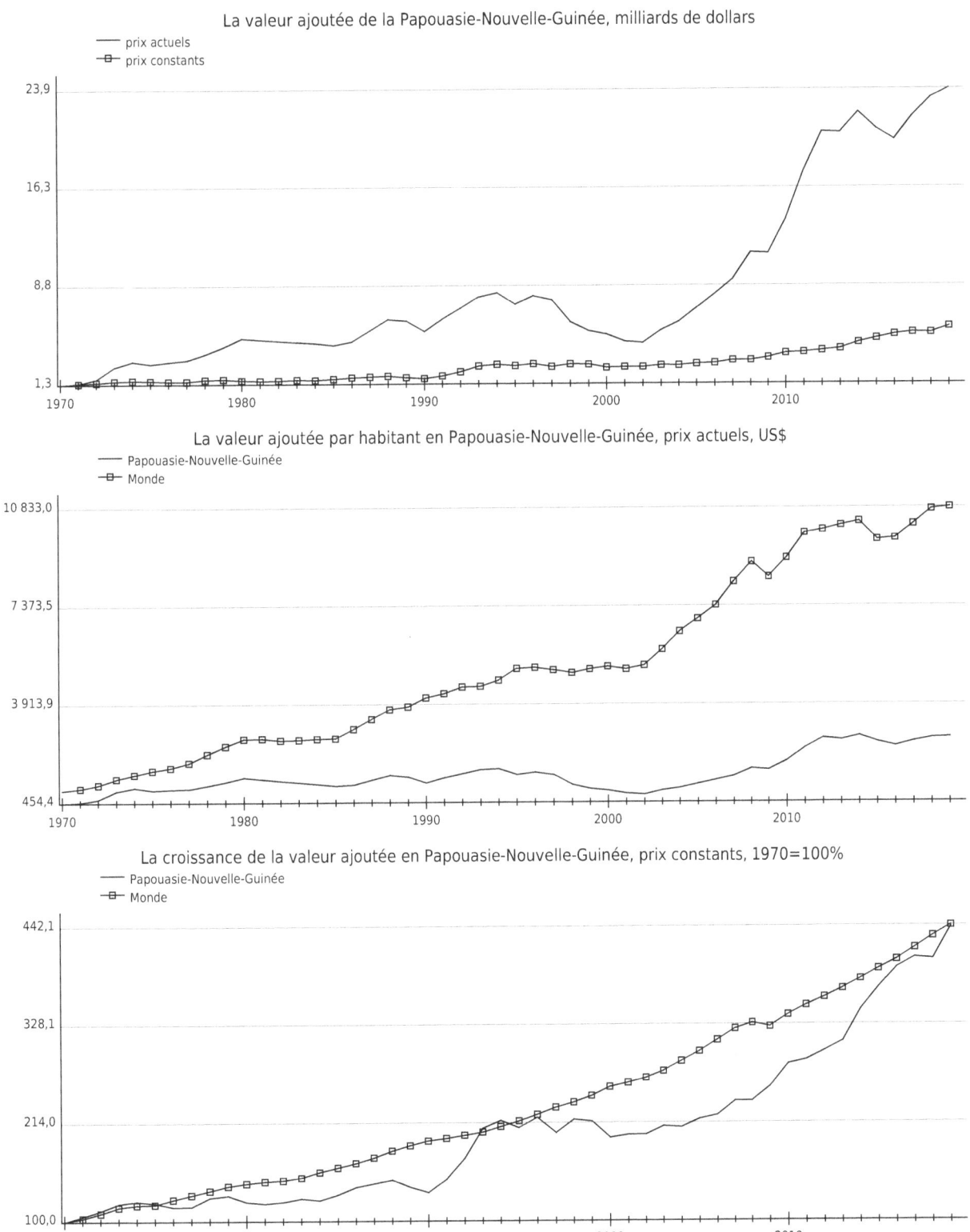

Les années 1970

La valeur ajoutée de la Papouasie-Nouvelle-Guinée était de 2,7 milliards de dollars par an dans les années 1970, au 85ème rang mondial à égalité avec l'Albanie (2,6 milliards de dollars). La part dans le monde était de 0,042% et de 2,4% en Océanie.

La valeur ajoutée totale de la Papouasie-Nouvelle-Guinée était constituée de: services (28,8%), commerce (23,9%), agriculture (18,0%), industrie (14,2%), transport (11,5%), construction (3,5%).

La valeur ajoutée par habitant en Papouasie-Nouvelle-Guinée était de 851.5 dollars dans les années 1970, se classant au 89ème rang mondial, à égalité avec le Guyana (847,9 de dollars), Saint-Christophe-et-Niévès (845,5 de dollars), d'Anguilla (842,2 de dollars). La valeur ajoutée par habitant en Papouasie-Nouvelle-Guinée était 45,6% inférieure la valeur ajoutée par habitant au Monde (1 564,4 US$), et 6,0 fois inférieure la valeur ajoutée par habitant en Océanie (5 074,3 US$).

La croissance de la valeur ajoutée en Papouasie-Nouvelle-Guinée était de 2.9% dans les années 1970, au 135ème rang mondial, à égalité avec les Pays-Bas (2,9%), les États-Unis (2,9%), la Micronésie (2,9%). La croissance de la valeur ajoutée en Papouasie-Nouvelle-Guinée (2,9%) a été inférieure à celle du monde (3,9%), et inférieure à celle de l'Océanie (3,2%).

Comparaison avec les voisins. La valeur ajoutée de la Papouasie-Nouvelle-Guinée était supérieure à celle des Salomon (60,5 millions de dollars); mais inférieure à celle de l'Australie (90,2 milliards de dollars) et de l'Indonésie (31,5 milliards de dollars). La valeur ajoutée par habitant en Papouasie-Nouvelle-Guinée était supérieure à celle des Salomon (317,4 de dollars) et de l'Indonésie (242,9 de dollars); mais inférieure à celle de l'Australie (6 606,1 de dollars). La croissance de la valeur ajoutée en Papouasie-Nouvelle-Guinée était inférieure à celle des Salomon (9,1%), de l'Indonésie (7,7%) et de l'Australie (3,3%).

Comparaison avec les leaders. La valeur ajoutée de la Papouasie-Nouvelle-Guinée était inférieure à celle des États-Unis (1,7 billions de dollars), de l'URSS (649,4 milliards de dollars), du Japon (545,3 milliards de dollars), de l'Allemagne (444,9 milliards de dollars) et de la France (297,3 milliards de dollars). La valeur ajoutée par habitant en Papouasie-Nouvelle-Guinée était inférieure à celle des États-Unis (7 767,9 de dollars), de l'Allemagne (5 650,3 de dollars), de la France (5 544,4 de dollars), du Japon (4 897,5 de dollars) et de l'URSS (2 574,9 de dollars). La croissance de la valeur ajoutée en Papouasie-Nouvelle-Guinée était supérieure à celle des États-Unis (2,9%); mais inférieure à celle du Japon (4,9%), de l'URSS (4,8%), de la France (3,7%) et de l'Allemagne (3,1%).

Les années 1980

La valeur ajoutée de la Papouasie-Nouvelle-Guinée était de 4,9 milliards de dollars par an dans les années 1980, se situant au 87ème rang mondial. La part dans le monde était de 0,034% et de 2,0% en Océanie.

La valeur ajoutée totale de la Papouasie-Nouvelle-Guinée était constituée de: services (37,8%), commerce (19,7%), agriculture (18,1%), industrie (13,7%), transport (7,9%), construction (2,7%).

La valeur ajoutée par habitant en Papouasie-Nouvelle-Guinée était de 1221 dollars dans les années 1980, au 104ème rang mondial, à égalité avec l'Eswatini (1 217,9 de dollars), la Tunisie (1 216,8 de dollars), la Grenade (1 201,2 de dollars). La valeur ajoutée par habitant en Papouasie-Nouvelle-Guinée était 2,5 fois inférieure la valeur ajoutée par habitant au Monde (3 029,9 US$), et 8,0 fois inférieure la valeur ajoutée par habitant en Océanie (9 797,7 US$).

La croissance de la valeur ajoutée en Papouasie-Nouvelle-Guinée était de 0.7% dans les années 1980, se classant au 152ème rang mondial. La croissance de la valeur ajoutée en Papouasie-Nouvelle-Guinée (0,71%) a été inférieure à celle du monde (2,9%), et inférieure à celle de l'Océanie (3,4%).

Comparaison avec les voisins. La valeur ajoutée de la Papouasie-Nouvelle-Guinée était supérieure à celle des Salomon (138,7 millions de dollars); mais inférieure à celle de l'Australie (203,3 milliards de dollars) et de l'Indonésie (97,4 milliards de dollars). La valeur ajoutée par habitant en Papouasie-Nouvelle-Guinée était supérieure à celle de l'Indonésie (595,0 de dollars) et des Salomon (520,1 de dollars); mais inférieure à celle de l'Australie (13 044,0 de dollars). La croissance de la valeur ajoutée en Papouasie-Nouvelle-Guinée était inférieure à celle de l'Indonésie (5,7%), de l'Australie (3,7%) et des Salomon (1,9%).

Comparaison avec les leaders. La valeur ajoutée de la Papouasie-Nouvelle-Guinée était inférieure à celle des États-Unis (4,2 billions de dollars), du Japon (1,8 billions de dollars), de l'Allemagne (907,0 milliards de dollars), de l'URSS (887,0 milliards de dollars) et de la France (650,9 milliards de dollars). La valeur ajoutée par habitant en Papouasie-Nouvelle-Guinée était inférieure à celle des États-Unis (17 439,9 de dollars), du Japon (14 839,7 de dollars), de l'Allemagne (11 624,4 de dollars), de la France (11 516,2 de dollars) et de l'URSS (3 222,9 de dollars). La croissance de la valeur ajoutée en Papouasie-Nouvelle-Guinée était inférieure à celle de l'URSS (4,3%),

Chapitre II. Valeur ajoutée

du Japon (4,2%), des États-Unis (2,8%), de la France (2,2%) et de l'Allemagne (2,0%).

Les années 1990

La valeur ajoutée de la Papouasie-Nouvelle-Guinée était de 6,9 milliards de dollars par an dans les années 1990, se classant au 99ème rang mondial. La part dans le monde était de 0,025% et de 1,7% en Océanie.

La valeur ajoutée totale de la Papouasie-Nouvelle-Guinée était constituée de: services (29,9%), industrie (20,2%), agriculture (19,2%), commerce (18,6%), transport (8,9%), construction (3,1%).

La valeur ajoutée par habitant en Papouasie-Nouvelle-Guinée était de 1340.3 dollars dans les années 1990, se classant au 121ème rang mondial, à égalité avec le Salvador (1 345,4 de dollars). La valeur ajoutée par habitant en Papouasie-Nouvelle-Guinée était 3,6 fois inférieure la valeur ajoutée par habitant au Monde (4 799,9 US$), et 10,6 fois inférieure la valeur ajoutée par habitant en Océanie (14 241,8 US$).

La croissance de la valeur ajoutée en Papouasie-Nouvelle-Guinée était de 4.5% dans les années 1990, se classant au 55ème rang mondial, à égalité avec les Tuvalu (4,5%), la République dominicaine (4,5%). La croissance de la valeur ajoutée en Papouasie-Nouvelle-Guinée (4,5%) a été supérieure à celle du monde (2,7%), et supérieure à celle de l'Océanie (3,3%).

Comparaison avec les voisins. La valeur ajoutée de la Papouasie-Nouvelle-Guinée était supérieure à celle des Salomon (291,8 millions de dollars); mais inférieure à celle de l'Australie (343,8 milliards de dollars) et de l'Indonésie (186,1 milliards de dollars). La valeur ajoutée par habitant en Papouasie-Nouvelle-Guinée était supérieure à celle de l'Indonésie (949,7 de dollars) et des Salomon (821,4 de dollars); mais inférieure à celle de l'Australie (19 218,8 de dollars). La croissance de la valeur ajoutée en Papouasie-Nouvelle-Guinée était supérieure à celle de l'Australie (3,4%); mais inférieure à celle des Salomon (4,6%) et de l'Indonésie (4,5%).

Comparaison avec les leaders. La valeur ajoutée de la Papouasie-Nouvelle-Guinée était inférieure à celle des États-Unis (7,6 billions de dollars), du Japon (4,3 billions de dollars), de l'Allemagne (2,0 billions de dollars), de la France (1,3 billions de dollars) et du Royaume-Uni (1,2 billions de dollars). La valeur ajoutée par habitant en Papouasie-Nouvelle-Guinée était inférieure à celle du Japon (34 190,7 de dollars), des États-Unis (28 605,8 de dollars), de l'Allemagne (24 519,7 de dollars), de la France (21 588,1 de dollars) et du Royaume-Uni (21 414,8 de dollars). La croissance de la valeur ajoutée en Papouasie-Nouvelle-Guinée était supérieure à celle des États-Unis (2,8%), du Royaume-Uni (2,4%), de l'Allemagne (2,1%), de la France (1,8%) et du Japon (1,8%).

Les années 2000

La valeur ajoutée de la Papouasie-Nouvelle-Guinée était de 7,2 milliards de dollars par an dans les années 2000, au 123ème rang mondial à égalité avec le Zimbabwe (7,3 milliards de dollars). La part dans le monde était de 0,016% et de 0,94% en Océanie.

La valeur ajoutée totale de la Papouasie-Nouvelle-Guinée était constituée de: industrie (27,2%), services (26,8%), agriculture (22,3%), commerce (13,9%), construction (5,8%), transport (4,1%).

La valeur ajoutée par habitant en Papouasie-Nouvelle-Guinée était de 1115.8 dollars dans les années 2000, au 154ème rang mondial, à égalité avec les Comores (1 128,9 de dollars). La valeur ajoutée par habitant en Papouasie-Nouvelle-Guinée était 6,1 fois inférieure la valeur ajoutée par habitant au Monde (6 818,0 US$), et 20,7 fois inférieure la valeur ajoutée par habitant en Océanie (23 074,9 US$).

La croissance de la valeur ajoutée en Papouasie-Nouvelle-Guinée était de 1.7% dans les années 2000, se classant au 167ème rang mondial, à égalité avec l'Amérique septentrionale (1,7%), la Belgique (1,7%), l'Europe du Nord (1,7%). La croissance de la valeur ajoutée en Papouasie-Nouvelle-Guinée (1,7%) a été inférieure à celle du monde (2,9%), et inférieure à celle de l'Océanie (3,0%).

Comparaison avec les voisins. La valeur ajoutée de la Papouasie-Nouvelle-Guinée était supérieure à celle des Salomon (435,2 millions de dollars); mais inférieure à celle de l'Australie (655,8 milliards de dollars) et de l'Indonésie (329,1 milliards de dollars). La valeur ajoutée par habitant en Papouasie-Nouvelle-Guinée était supérieure à celle des Salomon (938,0 de dollars); mais inférieure à celle de l'Australie (32 500,0 de dollars) et de l'Indonésie (1 463,6 de dollars). La croissance de la valeur ajoutée en Papouasie-Nouvelle-Guinée était inférieure à celle de l'Indonésie (4,9%), de l'Australie (3,1%) et des Salomon (2,0%).

Comparaison avec les leaders. La valeur ajoutée de la Papouasie-Nouvelle-Guinée était inférieure à celle des États-Unis (12,6 billions de dollars), du Japon (4,7 billions de dollars), de la Chine (2,6 billions de dollars), de l'Allemagne (2,5 billions de dollars) et du Royaume-Uni (2,1 billions de dollars). La valeur ajoutée par habitant en Papouasie-Nouvelle-Guinée était inférieure à celle des États-Unis (42 840,8 de dollars), du Japon (36 383,0 de dollars), du Royaume-Uni (34 611,1 de dollars), de l'Allemagne (30 717,6 de dollars) et de la Chine (1 954,1 de dollars). La croissance de la valeur ajoutée en Papouasie-Nouvelle-Guinée était supérieure à celle des États-Unis (1,7%), du Royaume-Uni (1,7%), de l'Allemagne (0,65%) et du Japon (0,27%); mais inférieure à celle de la Chine (10,2%).

Les années 2010

La valeur ajoutée de la Papouasie-Nouvelle-Guinée était de 20,4 milliards de dollars par an dans les années 2010, au 109ème rang mondial à égalité avec le Népal (19,9 milliards de dollars), le Honduras (19,9 milliards de dollars), Chypre (20,9 milliards de dollars). La part dans le monde était de 0,028% et de 1,3% en Océanie.

La valeur ajoutée totale de la Papouasie-Nouvelle-Guinée était constituée de: services (29,7%), industrie (25,9%), agriculture (18,9%), commerce (12,6%), construction (8,5%), transport (4,3%).

La valeur ajoutée par habitant en Papouasie-Nouvelle-Guinée était de 2536.6 dollars dans les années 2010, se situant au 150ème rang mondial, à égalité avec le Nigeria (2 482,7 de dollars), la Bolivie (2 479,1 de dollars). La valeur ajoutée par habitant en Papouasie-Nouvelle-Guinée était 4,0 fois inférieure la valeur ajoutée par habitant au Monde (10 094,6 US$), et 15,5 fois inférieure la valeur ajoutée par habitant en Océanie (39 391,3 US$).

La croissance de la valeur ajoutée en Papouasie-Nouvelle-Guinée était de 5.6% dans les années 2010, se classant au 33ème rang mondial, à égalité avec la République dominicaine (5,6%), le Qatar (5,6%). La croissance de la valeur ajoutée en Papouasie-Nouvelle-Guinée (5,6%) a été supérieure à celle du monde (3,1%), et supérieure à celle de l'Océanie (2,5%).

Comparaison avec les voisins. La valeur ajoutée de la Papouasie-Nouvelle-Guinée était 18,2 fois supérieure à celle des Salomon (1,1 milliards de dollars); mais 65,4 fois inférieure à celle de l'Australie (1,3 billions de dollars) et 44,4 fois inférieure à celle de l'Indonésie (904,9 milliards de dollars). La valeur ajoutée par habitant en Papouasie-Nouvelle-Guinée était 34,9% supérieure à celle des Salomon (1 881,1 de dollars); mais 22,1 fois inférieure à celle de l'Australie (56 144,5 de dollars) et 28,1% inférieure à celle de l'Indonésie (3 527,6 de dollars). La croissance de la valeur ajoutée en Papouasie-Nouvelle-Guinée était supérieure à celle de l'Indonésie (5,2%), des Salomon (5,1%) et de l'Australie (2,4%).

Comparaison avec les leaders. La valeur ajoutée de la Papouasie-Nouvelle-Guinée était 881,3 fois inférieure à celle des États-Unis (18,0 billions de dollars), 515,5 fois inférieure à celle de la Chine (10,5 billions de dollars), 255,2 fois inférieure à celle du Japon (5,2 billions de dollars), 162,0 fois inférieure à celle de l'Allemagne (3,3 billions de dollars) et 121,2 fois inférieure à celle du Royaume-Uni (2,5 billions de dollars). La valeur ajoutée par habitant en Papouasie-Nouvelle-Guinée était 22,2 fois inférieure à celle des États-Unis (56 220,3 de dollars), 16,0 fois inférieure à celle du Japon (40 660,3 de dollars), 15,9 fois inférieure à celle de l'Allemagne (40 346,4 de dollars), 14,8 fois inférieure à celle du Royaume-Uni (37 659,6 de dollars) et 3,0 fois inférieure à celle de la Chine (7 491,3 de dollars). La croissance de la valeur ajoutée en Papouasie-Nouvelle-Guinée était supérieure à celle des États-Unis (2,2%), de l'Allemagne (1,9%), du Royaume-Uni (1,8%) et du Japon (1,3%); mais inférieure à celle de la Chine (7,7%).

Chapitre III. Revenu national brut

Le RNB de la Papouasie-Nouvelle-Guinée est passé de 2,0 milliards de dollars par an dans les années 1970 à 20,4 milliards de dollars par an dans les années 2010, c'est-à-dire 18,4 milliards de dollars ou de 10,2 fois. La variation a été de 12,9 milliards de dollars en raison de l'augmentation de 2,7 fois des prix, et de 2,4 milliards de dollars en raison de la croissance de productivité de 1,5 fois, et de 3,2 milliards de dollars en raison de la croissance démographique. La croissance annuelle moyenne du RNB était de 3,4%. La valeur minimale était de 963,6 millions de dollars en 1970. La valeur maximale était de 24,4 milliards de dollars en 2019.

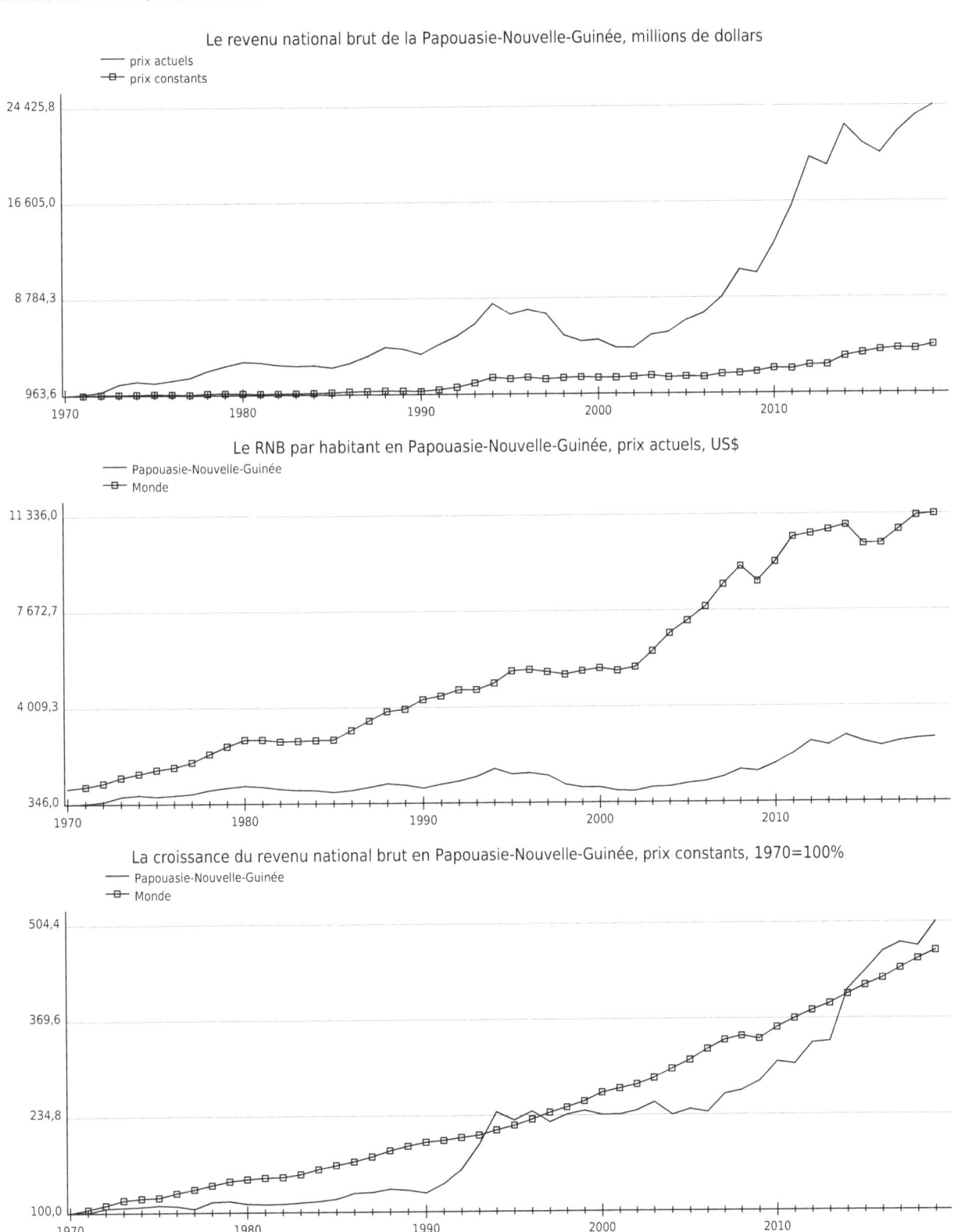

Les années 1970

Le RNB de la Papouasie-Nouvelle-Guinée était de 2,0 milliards de dollars par an dans les années 1970, au 95ème rang mondial à égalité avec le Gabon (2,0 milliards de dollars). La part dans le monde était de 0,030% et de 1,8% en Océanie.

Le RNB par habitant en Papouasie-Nouvelle-Guinée était de 642.1 dollars dans les années 1970, se situant au 112ème rang mondial, à égalité avec la Côte d'Ivoire (647,9 de dollars), Djibouti (649,6 de dollars), l'Afrique (632,4 de dollars). Le revenu national brut par habitant en Papouasie-Nouvelle-Guinée était 2,5 fois inférieur le RNB par habitant au Monde (1 624,3 US$), et 8,3 fois inférieur le RNB par habitant en Océanie (5 334,5 US$).

La croissance du RNB en Papouasie-Nouvelle-Guinée était de 1.6% dans les années 1970, se situant au 164ème rang mondial. La croissance du revenu national brut en Papouasie-Nouvelle-Guinée (1,6%) a été inférieure à celle du monde (4,1%), et inférieure à celle de l'Océanie (2,8%).

Comparaison avec les voisins. Le RNB de la Papouasie-Nouvelle-Guinée était supérieur à celui des Salomon (66,2 millions de dollars); mais inférieur à celui de l'Australie (96,5 milliards de dollars) et de l'Indonésie (32,1 milliards de dollars). Le RNB par habitant en Papouasie-Nouvelle-Guinée était supérieur à celui des Salomon (347,7 de dollars) et de l'Indonésie (247,1 de dollars); mais inférieur à celui de l'Australie (7 065,4 de dollars). La croissance du RNB en Papouasie-Nouvelle-Guinée était inférieure à celle des Salomon (9,1%), de l'Indonésie (7,4%) et de l'Australie (2,9%).

Comparaison avec les leaders. Le revenu national brut de la Papouasie-Nouvelle-Guinée était inférieur à celui des États-Unis (1,7 billions de dollars), de l'URSS (649,4 milliards de dollars), du Japon (558,5 milliards de dollars), de l'Allemagne (486,2 milliards de dollars) et de la France (334,3 milliards de dollars). Le RNB par habitant en Papouasie-Nouvelle-Guinée était inférieur à celui des États-Unis (7 837,2 de dollars), de la France (6 235,1 de dollars), de l'Allemagne (6 174,4 de dollars), du Japon (5 015,3 de dollars) et de l'URSS (2 574,9 de dollars). La croissance du revenu national brut en Papouasie-Nouvelle-Guinée était inférieure à celle de l'URSS (4,8%), du Japon (4,7%), de la France (3,9%), des États-Unis (3,5%) et de l'Allemagne (3,0%).

Les années 1980

Le RNB de la Papouasie-Nouvelle-Guinée était de 3,8 milliards de dollars par an dans les années 1980, au 99ème rang mondial. La part dans le monde était de 0,025% et de 1,5% en Océanie.

Le RNB par habitant en Papouasie-Nouvelle-Guinée était de 931.2 dollars dans les années 1980, au 120ème rang mondial, à égalité avec le Guatemala (914,3 de dollars), le Honduras (949,0 de dollars), l'Eswatini (949,4 de dollars). Le revenu national brut par habitant en Papouasie-Nouvelle-Guinée était 3,3 fois inférieur le RNB par habitant au Monde (3 117,1 US$), et 10,9 fois inférieur le revenu national brut par habitant en Océanie (10 137,3 US$).

La croissance du revenu national brut en Papouasie-Nouvelle-Guinée était de 1.2% dans les années 1980, se classant au 145ème rang mondial. La croissance du revenu national brut en Papouasie-Nouvelle-Guinée (1,2%) a été inférieure à celle du monde (3,0%), et inférieure à celle de l'Océanie (2,9%).

Comparaison avec les voisins. Le revenu national brut de la Papouasie-Nouvelle-Guinée était supérieur à celui des Salomon (153,2 millions de dollars); mais inférieur à celui de l'Australie (213,0 milliards de dollars) et de l'Indonésie (96,1 milliards de dollars). Le RNB par habitant en Papouasie-Nouvelle-Guinée était supérieur à celui de l'Indonésie (587,1 de dollars) et des Salomon (574,4 de dollars); mais inférieur à celui de l'Australie (13 662,7 de dollars). La croissance du revenu national brut en Papouasie-Nouvelle-Guinée était inférieure à celle de l'Indonésie (6,4%), de l'Australie (3,1%) et des Salomon (1,5%).

Comparaison avec les leaders. Le RNB de la Papouasie-Nouvelle-Guinée était inférieur à celui des États-Unis (4,2 billions de dollars), du Japon (1,8 billions de dollars), de l'Allemagne (996,5 milliards de dollars), de l'URSS (887,0 milliards de dollars) et de la France (732,1 milliards de dollars). Le RNB par habitant en Papouasie-Nouvelle-Guinée était inférieur à celui des États-Unis (17 362,5 de dollars), du Japon (15 042,8 de dollars), de la France (12 952,6 de dollars), de l'Allemagne (12 771,0 de dollars) et de l'URSS (3 222,9 de dollars). La croissance du RNB en Papouasie-Nouvelle-Guinée était inférieure à celle du Japon (4,4%), de l'URSS (4,3%), des États-Unis (3,1%), de la France (2,3%) et de l'Allemagne (2,0%).

Les années 1990

Le RNB de la Papouasie-Nouvelle-Guinée était de 6,4 milliards de dollars par an dans les années 1990, au 103ème rang mondial à égalité avec la Bolivie (6,4 milliards de dollars), Bahreïn (6,2 milliards de dollars). La part dans le monde était de 0,022% et de 1,5% en

Chapitre III. Revenu national brut

Océanie.

Le RNB par habitant en Papouasie-Nouvelle-Guinée était de 1239.5 dollars dans les années 1990, au 127ème rang mondial. Le revenu national brut par habitant en Papouasie-Nouvelle-Guinée était 4,0 fois inférieur le revenu national brut par habitant au Monde (4 991,4 US$), et 12,0 fois inférieur le revenu national brut par habitant en Océanie (14 867,3 US$).

La croissance du RNB en Papouasie-Nouvelle-Guinée était de 6.4% dans les années 1990, se classant au 22ème rang mondial, à égalité avec l'Irlande (6,3%). La croissance du RNB en Papouasie-Nouvelle-Guinée (6,4%) a été supérieure à celle du monde (2,8%), et supérieure à celle de l'Océanie (3,3%).

Comparaison avec les voisins. Le revenu national brut de la Papouasie-Nouvelle-Guinée était supérieur à celui des Salomon (316,1 millions de dollars); mais inférieur à celui de l'Australie (361,3 milliards de dollars) et de l'Indonésie (177,9 milliards de dollars). Le RNB par habitant en Papouasie-Nouvelle-Guinée était supérieur à celui de l'Indonésie (907,8 de dollars) et des Salomon (889,6 de dollars); mais inférieur à celui de l'Australie (20 198,3 de dollars). La croissance du RNB en Papouasie-Nouvelle-Guinée était supérieure à celle de l'Indonésie (4,3%), des Salomon (4,2%) et de l'Australie (3,4%).

Comparaison avec les leaders. Le RNB de la Papouasie-Nouvelle-Guinée était inférieur à celui des États-Unis (7,5 billions de dollars), du Japon (4,4 billions de dollars), de l'Allemagne (2,2 billions de dollars), de la France (1,4 billions de dollars) et du Royaume-Uni (1,3 billions de dollars). Le revenu national brut par habitant en Papouasie-Nouvelle-Guinée était inférieur à celui du Japon (34 665,3 de dollars), des États-Unis (28 503,5 de dollars), de l'Allemagne (27 004,0 de dollars), de la France (24 286,5 de dollars) et du Royaume-Uni (23 037,3 de dollars). La croissance du RNB en Papouasie-Nouvelle-Guinée était supérieure à celle des États-Unis (3,4%), de la France (2,2%), du Royaume-Uni (2,0%), de l'Allemagne (2,0%) et du Japon (1,5%).

Les années 2000

Le revenu national brut de la Papouasie-Nouvelle-Guinée était de 7,1 milliards de dollars par an dans les années 2000, au 123ème rang mondial à égalité avec la Géorgie (7,0 milliards de dollars), le Gabon (7,3 milliards de dollars). La part dans le monde était de 0,015% et de 0,89% en Océanie.

Le revenu national brut par habitant en Papouasie-Nouvelle-Guinée était de 1107.3 dollars dans les années 2000, se situant au 158ème rang mondial. Le RNB par habitant en Papouasie-Nouvelle-Guinée était 6,5 fois inférieur le RNB par habitant au Monde (7 165,2 US$), et 21,7 fois inférieur le revenu national brut par habitant en Océanie (24 025,1 US$).

La croissance du revenu national brut en Papouasie-Nouvelle-Guinée était de 1.6% dans les années 2000, au 172ème rang mondial, à égalité avec la Polynésie (1,6%). La croissance du RNB en Papouasie-Nouvelle-Guinée (1,6%) a été inférieure à celle du monde (3,0%), et inférieure à celle de l'Océanie (2,9%).

Comparaison avec les voisins. Le revenu national brut de la Papouasie-Nouvelle-Guinée était supérieur à celui des Salomon (408,2 millions de dollars); mais inférieur à celui de l'Australie (684,9 milliards de dollars) et de l'Indonésie (316,1 milliards de dollars). Le revenu national brut par habitant en Papouasie-Nouvelle-Guinée était supérieur à celui des Salomon (879,8 de dollars); mais inférieur à celui de l'Australie (33 938,2 de dollars) et de l'Indonésie (1 405,5 de dollars). La croissance du revenu national brut en Papouasie-Nouvelle-Guinée était supérieure à celle des Salomon (-0,82%); mais inférieure à celle de l'Indonésie (5,5%) et de l'Australie (2,9%).

Comparaison avec les leaders. Le RNB de la Papouasie-Nouvelle-Guinée était inférieur à celui des États-Unis (12,7 billions de dollars), du Japon (4,8 billions de dollars), de l'Allemagne (2,8 billions de dollars), de la Chine (2,6 billions de dollars) et du Royaume-Uni (2,3 billions de dollars). Le revenu national brut par habitant en Papouasie-Nouvelle-Guinée était inférieur à celui des États-Unis (43 177,4 de dollars), du Royaume-Uni (38 514,5 de dollars), du Japon (37 144,2 de dollars), de l'Allemagne (34 189,0 de dollars) et de la Chine (1 950,5 de dollars). La croissance du RNB en Papouasie-Nouvelle-Guinée était supérieure à celle de l'Allemagne (1,0%) et du Japon (0,62%); mais inférieure à celle de la Chine (10,4%), des États-Unis (1,8%) et du Royaume-Uni (1,7%).

Les années 2010

Le revenu national brut de la Papouasie-Nouvelle-Guinée était de 20,4 milliards de dollars par an dans les années 2010, se situant au 110ème rang mondial. La part dans le monde était de 0,026% et de 1,3% en Océanie.

Le revenu national brut par habitant en Papouasie-Nouvelle-Guinée était de 2541 dollars dans les années 2010, se classant au 153ème rang mondial, à égalité avec la république du Congo (2 493,3 de dollars). Le revenu national brut par habitant en

Papouasie-Nouvelle-Guinée était 4,2 fois inférieur le RNB par habitant au Monde (10 611,7 US$), et 16,2 fois inférieur le revenu national brut par habitant en Océanie (41 051,4 US$).

La croissance du RNB en Papouasie-Nouvelle-Guinée était de 6% dans les années 2010, se classant au 30ème rang mondial, à égalité avec le Viêt Nam (6,0%), le Burkina Faso (6,0%). La croissance du revenu national brut en Papouasie-Nouvelle-Guinée (6,0%) a été supérieure à celle du monde (3,1%), et supérieure à celle de l'Océanie (2,7%).

Comparaison avec les voisins. Le RNB de la Papouasie-Nouvelle-Guinée était 20,9 fois supérieur à celui des Salomon (976,7 millions de dollars); mais 67,9 fois inférieur à celui de l'Australie (1,4 billions de dollars) et 43,9 fois inférieur à celui de l'Indonésie (896,8 milliards de dollars). Le RNB par habitant en Papouasie-Nouvelle-Guinée était 55,2% supérieur à celui des Salomon (1 637,4 de dollars); mais 23,0 fois inférieur à celui de l'Australie (58 415,5 de dollars) et 27,3% inférieur à celui de l'Indonésie (3 495,9 de dollars). La croissance du RNB en Papouasie-Nouvelle-Guinée était supérieure à celle de l'Indonésie (5,6%) et de l'Australie (2,5%); mais inférieure à celle des Salomon (7,2%).

Comparaison avec les leaders. Le RNB de la Papouasie-Nouvelle-Guinée était 896,7 fois inférieur à celui des États-Unis (18,3 billions de dollars), 512,7 fois inférieur à celui de la Chine (10,5 billions de dollars), 264,5 fois inférieur à celui du Japon (5,4 billions de dollars), 183,6 fois inférieur à celui de l'Allemagne (3,7 billions de dollars) et 134,5 fois inférieur à celui de la France (2,7 billions de dollars). Le revenu national brut par habitant en Papouasie-Nouvelle-Guinée était 22,6 fois inférieur à celui des États-Unis (57 299,9 de dollars), 18,0 fois inférieur à celui de l'Allemagne (45 801,3 de dollars), 16,6 fois inférieur à celui du Japon (42 204,7 de dollars), 16,3 fois inférieur à celui de la France (41 404,4 de dollars) et 2,9 fois inférieur à celui de la Chine (7 463,8 de dollars). La croissance du RNB en Papouasie-Nouvelle-Guinée était supérieure à celle des États-Unis (2,5%), de l'Allemagne (2,0%), du Japon (1,4%) et de la France (1,4%); mais inférieure à celle de la Chine (7,7%).

Partie II. Structure

Chapitre IV. Agriculture

Agriculture, chasse, sylviculture et pêche (ISIC A-B)

La valeur de l'agriculture en Papouasie-Nouvelle-Guinée est passé de 478,3 millions de dollars par an dans les années 1970 à 3,9 milliards de dollars par an dans les années 2010, c'est-à-dire 3,4 milliards de dollars ou de 8,1 fois. La variation a été de 2,4 milliards de dollars en raison de l'augmentation de 2,7 fois des prix, et de 205,3 millions de dollars en raison de la croissance de productivité de 1,2 fois, et de 756,5 millions de dollars en raison de la croissance démographique. La croissance annuelle moyenne de l'agriculture était de 2,8%. La valeur minimale était de 250,3 millions de dollars en 1970. La valeur maximale était de 4,4 milliards de dollars en 2019.

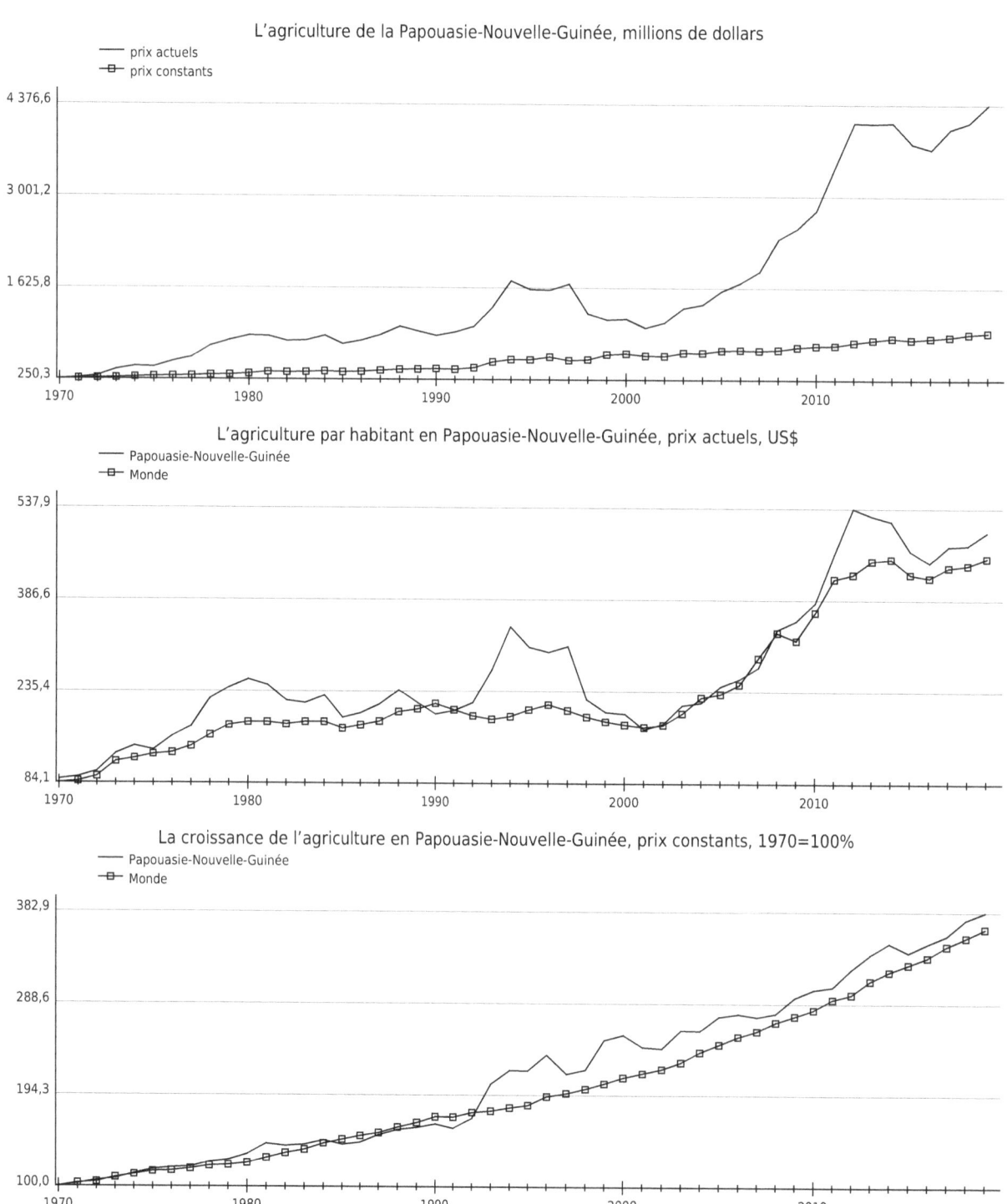

Chapitre IV. Agriculture

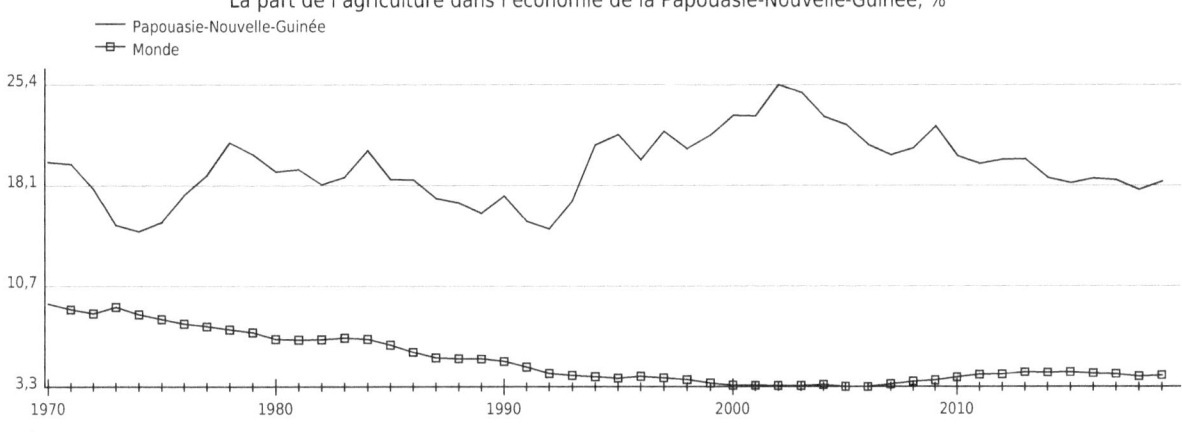

Les années 1970

La valeur ajoutée de l'agriculture en Papouasie-Nouvelle-Guinée était de 478,3 millions de dollars par an dans les années 1970, au 86ème rang mondial. La part dans le monde était de 0,093% et de 5,9% en Océanie.

La part de l'agriculture dans l'économie de la Papouasie-Nouvelle-Guinée était de 18,0% dans les années 1970, se classant au 78ème rang mondial, à égalité avec la Guinée (18,1%), le Paraguay (18,1%), l'Afrique (18,1%).

L'agriculture par habitant en Papouasie-Nouvelle-Guinée était de 153.7 dollars dans les années 1970, se situant au 57ème rang mondial, à égalité avec la Roumanie (152,4 de dollars), l'Argentine (151,6 de dollars), l'Eswatini (151,5 de dollars). L'agriculture par habitant en Papouasie-Nouvelle-Guinée était 20,4% supérieure l'agriculture par habitant au Monde (127,6 US$), et 2,5 fois inférieure l'agriculture par habitant en Océanie (377,5 US$).

La croissance de l'agriculture en Papouasie-Nouvelle-Guinée était de 2.7% dans les années 1970, se situant au 94ème rang mondial, à égalité avec le Yémen (2,7%), Sierra Leone (2,7%). La croissance de l'agriculture en Papouasie-Nouvelle-Guinée (2,7%) a été supérieure à celle du monde (2,2%), et supérieure à celle de l'Océanie (2,4%).

Comparaison avec les voisins. La valeur de l'agriculture en Papouasie-Nouvelle-Guinée était supérieure à celle des Salomon (31,2 millions de dollars); mais inférieure à celle de l'Indonésie (9,0 milliards de dollars) et de l'Australie (5,9 milliards de dollars). L'agriculture par habitant en Papouasie-Nouvelle-Guinée était supérieure à celle de l'Indonésie (69,2 de dollars); mais inférieure à celle de l'Australie (430,4 de dollars) et des Salomon (163,8 de dollars). La croissance de l'agriculture en Papouasie-Nouvelle-Guinée était inférieure à celle des Salomon (9,1%), de l'Indonésie (3,7%) et de l'Australie (3,0%).

Comparaison avec les leaders. La valeur ajoutée de l'agriculture en Papouasie-Nouvelle-Guinée était inférieure à celle de l'URSS (88,7 milliards de dollars), de la Chine (49,5 milliards de dollars), des États-Unis (42,6 milliards de dollars), de l'Inde (36,0 milliards de dollars) et du Japon (25,8 milliards de dollars). L'agriculture par habitant en Papouasie-Nouvelle-Guinée était supérieure à celle de l'Inde (58,3 de dollars) et de la Chine (54,2 de dollars); mais inférieure à celle de l'URSS (351,8 de dollars), du Japon (231,3 de dollars) et des États-Unis (195,0 de dollars). La croissance de l'agriculture en Papouasie-Nouvelle-Guinée était supérieure à celle de la Chine (2,4%), du Japon (0,52%), des États-Unis (0,34%) et de l'Inde (0,30%); mais inférieure à celle de l'URSS (7,0%).

Les années 1980

L'agriculture de la Papouasie-Nouvelle-Guinée était de 893,1 millions de dollars par an dans les années 1980, se classant au 86ème rang mondial à égalité avec la Bolivie (883,9 millions de dollars), l'Albanie (909,4 millions de dollars), l'Uruguay (909,6 millions de dollars). La part dans le monde était de 0,099% et de 6,6% en Océanie.

La part de l'agriculture dans l'économie de la Papouasie-Nouvelle-Guinée était de 18,1% dans les années 1980, se situant au 66ème rang mondial, à égalité avec le Guyana (18,2%), les Fidji (18,1%), la Guinée (18,0%).

L'agriculture par habitant en Papouasie-Nouvelle-Guinée était de 221.5 dollars dans les années 1980, se classant au 72ème rang mondial, à égalité avec les Comores (223,2 de dollars), l'Algérie (219,4 de dollars), la Tchécoslovaquie (217,5 de dollars). L'agriculture par habitant en Papouasie-Nouvelle-Guinée était 18,7% supérieure l'agriculture par habitant au Monde (186,6 US$), et 2,5 fois inférieure l'agriculture par habitant en Océanie (545,9 US$).

La croissance de l'agriculture en Papouasie-Nouvelle-Guinée était de 2.4% dans les années 1980, au 98ème rang mondial, à égalité avec l'Est (2,4%), le Venezuela (2,4%). La croissance de l'agriculture en Papouasie-Nouvelle-Guinée (2,4%) a été inférieure à celle du monde (3,1%), et supérieure à celle de l'Océanie (2,0%).

Comparaison avec les voisins. La valeur ajoutée de l'agriculture en Papouasie-Nouvelle-Guinée était supérieure à celle des Salomon (69,0 millions de dollars); mais inférieure à celle de l'Indonésie (19,4 milliards de dollars) et de l'Australie (9,9 milliards de dollars). L'agriculture par habitant en Papouasie-Nouvelle-Guinée était supérieure à celle de l'Indonésie (118,7 de dollars); mais inférieure à celle de l'Australie (633,2 de dollars) et des Salomon (258,6 de dollars). La croissance de l'agriculture en Papouasie-Nouvelle-Guinée était supérieure à celle de l'Australie (1,7%) et des Salomon (0,32%); mais inférieure à celle de l'Indonésie (3,7%).

Comparaison avec les leaders. Le secteur de l'agriculture en Papouasie-Nouvelle-Guinée était inférieur à celui de l'URSS (125,8 milliards de dollars), de la Chine (94,9 milliards de dollars), de l'Inde (70,4 milliards de dollars), des États-Unis (68,7 milliards de dollars) et du Japon (49,7 milliards de dollars). L'agriculture par habitant en Papouasie-Nouvelle-Guinée était supérieure à celle de l'Inde (90,7 de dollars) et de la Chine (88,5 de dollars); mais inférieure à celle de l'URSS (457,2 de dollars), du Japon (410,0 de dollars) et des États-Unis (286,8 de dollars). La croissance de l'agriculture en Papouasie-Nouvelle-Guinée était supérieure à celle du Japon (0,41%); mais inférieure à celle de la Chine (5,3%), de l'Inde (4,4%), des États-Unis (3,7%) et de l'URSS (2,8%).

Les années 1990

La valeur ajoutée de l'agriculture en Papouasie-Nouvelle-Guinée était de 1,3 milliards de dollars par an dans les années 1990, se situant au 85ème rang mondial à égalité avec l'Uruguay (1,3 milliards de dollars), Madagascar (1,4 milliards de dollars). La part dans le monde était de 0,12% et de 7,5% en Océanie.

La part de l'agriculture dans l'économie de la Papouasie-Nouvelle-Guinée était de 19,2% dans les années 1990, se classant au 70ème rang mondial, à égalité avec la Chine (19,4%).

L'agriculture par habitant en Papouasie-Nouvelle-Guinée était de 257.9 dollars dans les années 1990, se classant au 75ème rang mondial, à égalité avec le Royaume-Uni (261,8 de dollars), la Roumanie (253,0 de dollars), la Barbade (252,5 de dollars). L'agriculture par habitant en Papouasie-Nouvelle-Guinée était 29,1% supérieure l'agriculture par habitant au Monde (199,8 US$), et 2,4 fois inférieure l'agriculture par habitant en Océanie (608,8 US$).

La croissance de l'agriculture en Papouasie-Nouvelle-Guinée était de 4.5% dans les années 1990, se classant au 31ème rang mondial, à égalité avec la Guinée (4,5%), le Malawi (4,5%). La croissance de l'agriculture en Papouasie-Nouvelle-Guinée (4,5%) a été supérieure à celle du monde (2,2%), et supérieure à celle de l'Océanie (3,7%).

Comparaison avec les voisins. La valeur de l'agriculture en Papouasie-Nouvelle-Guinée était supérieure à celle des Salomon (122,0 millions de dollars); mais inférieure à celle de l'Indonésie (27,3 milliards de dollars) et de l'Australie (11,8 milliards de dollars). L'agriculture par habitant en Papouasie-Nouvelle-Guinée était supérieure à celle de l'Indonésie (139,2 de dollars); mais inférieure à celle de l'Australie (661,6 de dollars) et des Salomon (343,3 de dollars). La croissance de l'agriculture en Papouasie-Nouvelle-Guinée était supérieure à celle de l'Australie (3,8%), des Salomon (2,9%) et de l'Indonésie (2,4%).

Comparaison avec les leaders. La valeur ajoutée de l'agriculture en Papouasie-Nouvelle-Guinée était inférieure à celle de la Chine (139,0 milliards de dollars), des États-Unis (96,1 milliards de dollars), de l'Inde (91,4 milliards de dollars), du Japon (78,9 milliards de dollars) et du Brésil (36,8 milliards de dollars). L'agriculture par habitant en Papouasie-Nouvelle-Guinée était supérieure à celle du Brésil (228,7 de dollars), de la Chine (112,7 de dollars) et de l'Inde (95,6 de dollars); mais inférieure à celle du Japon (625,5 de dollars) et des États-Unis (363,4 de dollars). La croissance de l'agriculture en Papouasie-Nouvelle-Guinée était supérieure à celle de la Chine (4,3%), du Brésil (3,0%), de l'Inde (2,8%), des États-Unis (2,6%) et du Japon (-1,8%).

Les années 2000

Le secteur de l'agriculture en Papouasie-Nouvelle-Guinée était de 1,6 milliards de dollars par an dans les années 2000, se classant au 92ème rang mondial à égalité avec le Tchad (1,6 milliards de dollars). La part dans le monde était de 0,10% et de 6,0% en Océanie.

La part de l'agriculture dans l'économie de la Papouasie-Nouvelle-Guinée était de 22,3% dans les années 2000, se situant au 45ème rang mondial.

L'agriculture par habitant en Papouasie-Nouvelle-Guinée était de 248.4 dollars dans les années 2000, au 101ème rang mondial, à égalité avec l'Est (248,4 de dollars), l'Afrique du Nord (247,1 de dollars), le Guatemala (246,8 de dollars). L'agriculture par habitant en Papouasie-Nouvelle-Guinée était 3,4% supérieure l'agriculture par habitant au Monde (240,3 US$), et 3,2 fois inférieure l'agriculture

Chapitre IV. Agriculture

par habitant en Océanie (806,4 US$).

La croissance de l'agriculture en Papouasie-Nouvelle-Guinée était de 1.6% dans les années 2000, se situant au 120ème rang mondial, à égalité avec le Groenland (1,6%), l'Arabie saoudite (1,6%). La croissance de l'agriculture en Papouasie-Nouvelle-Guinée (1,6%) a été inférieure à celle du monde (3,0%), et supérieure à celle de l'Océanie (1,5%).

Comparaison avec les voisins. L'agriculture de la Papouasie-Nouvelle-Guinée était supérieure à celle des Salomon (133,4 millions de dollars); mais inférieure à celle de l'Indonésie (44,0 milliards de dollars) et de l'Australie (18,7 milliards de dollars). L'agriculture par habitant en Papouasie-Nouvelle-Guinée était supérieure à celle de l'Indonésie (195,7 de dollars); mais inférieure à celle de l'Australie (928,0 de dollars) et des Salomon (287,5 de dollars). La croissance de l'agriculture en Papouasie-Nouvelle-Guinée était inférieure à celle de l'Indonésie (3,4%), des Salomon (2,2%) et de l'Australie (1,9%).

Comparaison avec les leaders. La valeur ajoutée de l'agriculture en Papouasie-Nouvelle-Guinée était inférieure à celle de la Chine (297,7 milliards de dollars), de l'Inde (147,6 milliards de dollars), des États-Unis (122,5 milliards de dollars), du Japon (57,1 milliards de dollars) et du Nigeria (47,6 milliards de dollars). L'agriculture par habitant en Papouasie-Nouvelle-Guinée était supérieure à celle de la Chine (224,5 de dollars) et de l'Inde (129,7 de dollars); mais inférieure à celle du Japon (445,6 de dollars), des États-Unis (416,9 de dollars) et du Nigeria (346,4 de dollars). La croissance de l'agriculture en Papouasie-Nouvelle-Guinée était supérieure à celle du Japon (-1,3%); mais inférieure à celle du Nigeria (10,1%), de la Chine (4,0%), des États-Unis (3,6%) et de l'Inde (2,0%).

Les années 2010

La valeur de l'agriculture en Papouasie-Nouvelle-Guinée était de 3,9 milliards de dollars par an dans les années 2010, se situant au 77ème rang mondial à égalité avec d'Israël (3,8 milliards de dollars), la République dominicaine (3,8 milliards de dollars). La part dans le monde était de 0,12% et de 7,9% en Océanie.

La part de l'agriculture dans l'économie de la Papouasie-Nouvelle-Guinée était de 18,9% dans les années 2010, au 49ème rang mondial, à égalité avec le Timor oriental (18,8%).

L'agriculture par habitant en Papouasie-Nouvelle-Guinée était de 479.9 dollars dans les années 2010, se classant au 66ème rang mondial, à égalité avec la Grenade (481,5 de dollars), le Kazakhstan (481,8 de dollars), d'Israël (481,8 de dollars). L'agriculture par habitant en Papouasie-Nouvelle-Guinée était 11,0% supérieure l'agriculture par habitant au Monde (432,1 US$), et 2,6 fois inférieure l'agriculture par habitant en Océanie (1 242,3 US$).

La croissance de l'agriculture en Papouasie-Nouvelle-Guinée était de 2.6% dans les années 2010, au 81ème rang mondial, à égalité avec la Somalie (2,6%). La croissance de l'agriculture en Papouasie-Nouvelle-Guinée (2,6%) a été inférieure à celle du monde (2,9%), et supérieure à celle de l'Océanie (-0,30%).

Comparaison avec les voisins. Le secteur de l'agriculture en Papouasie-Nouvelle-Guinée était 12,8 fois supérieur à celui des Salomon (300,5 millions de dollars); mais 32,2 fois inférieur à celui de l'Indonésie (124,1 milliards de dollars) et 8,5 fois inférieur à celui de l'Australie (32,7 milliards de dollars). L'agriculture par habitant en Papouasie-Nouvelle-Guinée était 2,9 fois inférieure à celle de l'Australie (1 378,0 de dollars), 4,7% inférieure à celle des Salomon (503,7 de dollars) et 0,77% inférieure à celle de l'Indonésie (483,6 de dollars). La croissance de l'agriculture en Papouasie-Nouvelle-Guinée était supérieure à celle de l'Australie (-1,4%); mais inférieure à celle des Salomon (3,9%) et de l'Indonésie (3,9%).

Comparaison avec les leaders. Le secteur de l'agriculture en Papouasie-Nouvelle-Guinée était 229,9 fois inférieur à celui de la Chine (886,2 milliards de dollars), 94,3 fois inférieur à celui de l'Inde (363,4 milliards de dollars), 46,8 fois inférieur à celui des États-Unis (180,3 milliards de dollars), 32,2 fois inférieur à celui de l'Indonésie (124,1 milliards de dollars) et 24,8 fois inférieur à celui du Nigeria (95,8 milliards de dollars). L'agriculture par habitant en Papouasie-Nouvelle-Guinée était 71,9% supérieure à celle de l'Inde (279,1 de dollars); mais 24,1% inférieure à celle de la Chine (631,9 de dollars), 15,0% inférieure à celle des États-Unis (564,3 de dollars), 10,2% inférieure à celle du Nigeria (534,6 de dollars) et 0,77% inférieure à celle de l'Indonésie (483,6 de dollars). La croissance de l'agriculture en Papouasie-Nouvelle-Guinée était supérieure à celle des États-Unis (2,0%); mais inférieure à celle de l'Inde (4,1%), de l'Indonésie (3,9%), de la Chine (3,8%) et du Nigeria (3,6%).

Chapitre V. Industrie

Exploitation minière, fabrication, services publics (ISIC C-E)

La valeur ajoutée de l'industrie en Papouasie-Nouvelle-Guinée est passé de 376,8 millions de dollars par an dans les années 1970 à 5,3 milliards de dollars par an dans les années 2010, c'est-à-dire 4,9 milliards de dollars ou de 14,0 fois. La variation a été de 3,7 milliards de dollars en raison de l'augmentation de 3,3 fois des prix, et de 626,9 millions de dollars en raison de la croissance de productivité de 1,6 fois, et de 596,0 millions de dollars en raison de la croissance démographique. La croissance annuelle moyenne de l'industrie était de 4,4%. La valeur minimale était de 34,1 millions de dollars en 1970. La valeur maximale était de 7,4 milliards de dollars en 2018.

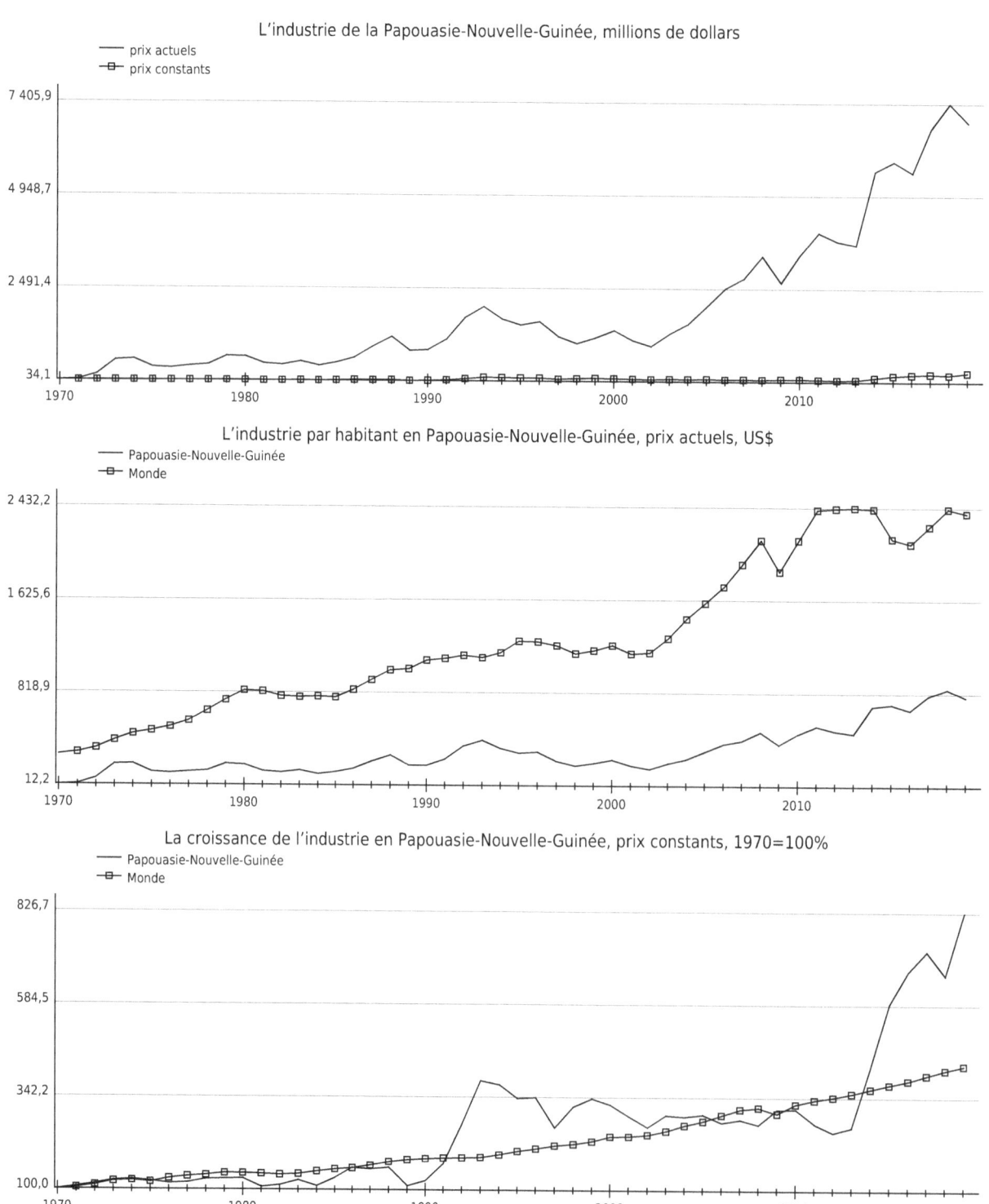

Chapitre V. Industrie

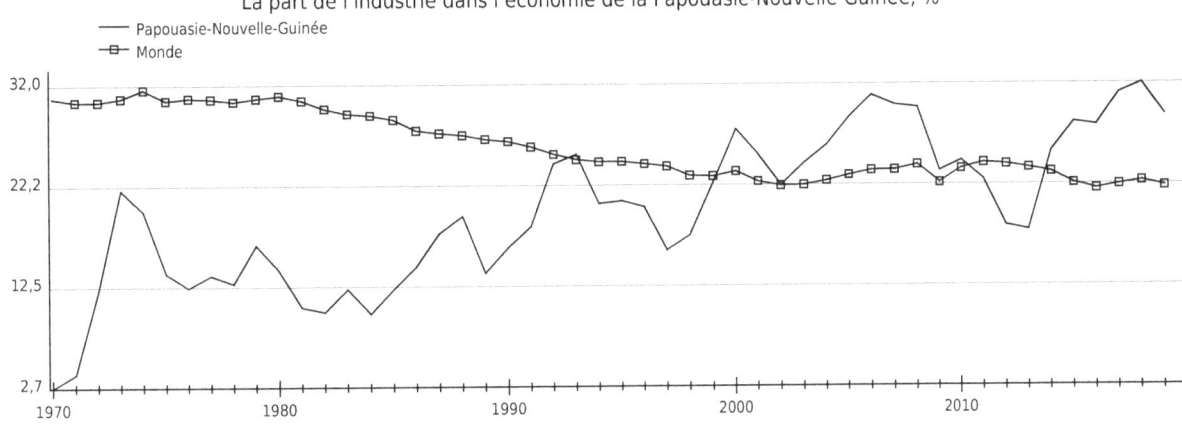
La part de l'industrie dans l'économie de la Papouasie-Nouvelle-Guinée, %

Les années 1970

Le secteur de l'industrie en Papouasie-Nouvelle-Guinée était de 376,8 millions de dollars par an dans les années 1970, se situant au 101ème rang mondial. La part dans le monde était de 0,019% et de 1,2% en Océanie.

La part de l'industrie dans l'économie de la Papouasie-Nouvelle-Guinée était de 14,2% dans les années 1970, au 128ème rang mondial, à égalité avec la Côte d'Ivoire (14,1%), le Cameroun (14,1%).

L'industrie par habitant en Papouasie-Nouvelle-Guinée était de 121.1 dollars dans les années 1970, au 107ème rang mondial, à égalité avec le Liberia (119,8 de dollars), l'Afrique centrale (122,8 de dollars). L'industrie par habitant en Papouasie-Nouvelle-Guinée était 4,0 fois inférieure l'industrie par habitant au Monde (480,5 US$), et 11,7 fois inférieure l'industrie par habitant en Océanie (1 413,2 US$).

La croissance de l'industrie en Papouasie-Nouvelle-Guinée était de 2.7% dans les années 1970, au 137ème rang mondial. La croissance de l'industrie en Papouasie-Nouvelle-Guinée (2,7%) a été inférieure à celle du monde (4,0%), et inférieure à celle de l'Océanie (3,0%).

Comparaison avec les voisins. Le secteur de l'industrie en Papouasie-Nouvelle-Guinée était supérieur à celui des Salomon (2,6 millions de dollars); mais inférieur à celui de l'Australie (25,6 milliards de dollars) et de l'Indonésie (8,4 milliards de dollars). L'industrie par habitant en Papouasie-Nouvelle-Guinée était supérieure à celle de l'Indonésie (64,8 de dollars) et des Salomon (13,5 de dollars); mais inférieure à celle de l'Australie (1 877,2 de dollars). La croissance de l'industrie en Papouasie-Nouvelle-Guinée était inférieure à celle de l'Indonésie (9,3%), des Salomon (9,0%) et de l'Australie (3,0%).

Comparaison avec les leaders. La valeur de l'industrie en Papouasie-Nouvelle-Guinée était inférieure à celle des États-Unis (450,4 milliards de dollars), de l'URSS (248,8 milliards de dollars), du Japon (185,6 milliards de dollars), de l'Allemagne (158,4 milliards de dollars) et du Royaume-Uni (72,6 milliards de dollars). L'industrie par habitant en Papouasie-Nouvelle-Guinée était inférieure à celle des États-Unis (2 063,8 de dollars), de l'Allemagne (2 011,9 de dollars), du Japon (1 666,5 de dollars), du Royaume-Uni (1 295,1 de dollars) et de l'URSS (986,6 de dollars). La croissance de l'industrie en Papouasie-Nouvelle-Guinée était supérieure à celle des États-Unis (2,4%), de l'Allemagne (2,1%) et du Royaume-Uni (1,9%); mais inférieure à celle de l'URSS (5,2%) et du Japon (4,5%).

Les années 1980

La valeur ajoutée de l'industrie en Papouasie-Nouvelle-Guinée était de 673,2 millions de dollars par an dans les années 1980, au 107ème rang mondial à égalité avec le Salvador (676,2 millions de dollars), l'Afghanistan (684,6 millions de dollars). La part dans le monde était de 0,016% et de 1,1% en Océanie.

La part de l'industrie dans l'économie de la Papouasie-Nouvelle-Guinée était de 13,7% dans les années 1980, se situant au 132ème rang mondial, à égalité avec le Burundi (13,7%), Cuba (13,6%).

L'industrie par habitant en Papouasie-Nouvelle-Guinée était de 167 dollars dans les années 1980, se classant au 119ème rang mondial, à égalité avec le Sénégal (169,0 de dollars). L'industrie par habitant en Papouasie-Nouvelle-Guinée était 5,2 fois inférieure l'industrie par habitant au Monde (861,8 US$), et 15,4 fois inférieure l'industrie par habitant en Océanie (2 572,3 US$).

La croissance de l'industrie en Papouasie-Nouvelle-Guinée était de -1.5% dans les années 1980, se situant au 161ème rang mondial. La croissance de l'industrie en Papouasie-Nouvelle-Guinée (-1,5%) a été inférieure à celle du monde (2,3%), et inférieure à celle de l'Océanie (2,9%).

Comparaison avec les voisins. La valeur ajoutée de l'industrie en Papouasie-Nouvelle-Guinée était supérieure à celle des Salomon (5,8 millions de dollars); mais inférieure à celle de l'Australie (54,2 milliards de dollars) et de l'Indonésie (29,9 milliards de dollars). L'industrie par habitant en Papouasie-Nouvelle-Guinée était supérieure à celle des Salomon (21,6 de dollars); mais inférieure à celle de l'Australie (3 479,6 de dollars) et de l'Indonésie (182,6 de dollars). La croissance de l'industrie en Papouasie-Nouvelle-Guinée était inférieure à celle de l'Indonésie (5,5%), de l'Australie (3,3%) et des Salomon (2,9%).

Comparaison avec les leaders. Le secteur de l'industrie en Papouasie-Nouvelle-Guinée était inférieur à celui des États-Unis (1,0 billions de dollars), du Japon (566,4 milliards de dollars), de l'URSS (305,7 milliards de dollars), de l'Allemagne (297,5 milliards de dollars) et du Royaume-Uni (171,2 milliards de dollars). L'industrie par habitant en Papouasie-Nouvelle-Guinée était inférieure à celle du Japon (4 670,2 de dollars), des États-Unis (4 176,6 de dollars), de l'Allemagne (3 812,7 de dollars), du Royaume-Uni (3 032,7 de dollars) et de l'URSS (1 110,8 de dollars). La croissance de l'industrie en Papouasie-Nouvelle-Guinée était inférieure à celle de l'URSS (5,3%), du Japon (4,2%), des États-Unis (1,9%), du Royaume-Uni (1,4%) et de l'Allemagne (1,2%).

Les années 1990

La valeur ajoutée de l'industrie en Papouasie-Nouvelle-Guinée était de 1,4 milliards de dollars par an dans les années 1990, se classant au 102ème rang mondial. La part dans le monde était de 0,021% et de 1,6% en Océanie.

La part de l'industrie dans l'économie de la Papouasie-Nouvelle-Guinée était de 20,2% dans les années 1990, se classant au 122ème rang mondial, à égalité avec l'Amérique septentrionale (20,2%), le Timor oriental (20,3%), l'Uruguay (20,1%).

L'industrie par habitant en Papouasie-Nouvelle-Guinée était de 271.3 dollars dans les années 1990, se situant au 125ème rang mondial, à égalité avec l'Égypte (270,7 de dollars), la Jordanie (269,5 de dollars), le Kosovo (266,4 de dollars). L'industrie par habitant en Papouasie-Nouvelle-Guinée était 4,3 fois inférieure l'industrie par habitant au Monde (1 175,6 US$), et 11,3 fois inférieure l'industrie par habitant en Océanie (3 075,6 US$).

La croissance de l'industrie en Papouasie-Nouvelle-Guinée était de 11.9% dans les années 1990, se situant au 13ème rang mondial, à égalité avec le Lesotho (12,0%). La croissance de l'industrie en Papouasie-Nouvelle-Guinée (11,9%) a été supérieure à celle du monde (2,5%), et supérieure à celle de l'Océanie (2,3%).

Comparaison avec les voisins. La valeur de l'industrie en Papouasie-Nouvelle-Guinée était supérieure à celle des Salomon (28,0 millions de dollars); mais inférieure à celle de l'Australie (74,6 milliards de dollars) et de l'Indonésie (61,1 milliards de dollars). L'industrie par habitant en Papouasie-Nouvelle-Guinée était supérieure à celle des Salomon (78,7 de dollars); mais inférieure à celle de l'Australie (4 169,8 de dollars) et de l'Indonésie (311,9 de dollars). La croissance de l'industrie en Papouasie-Nouvelle-Guinée était supérieure à celle de l'Indonésie (6,0%) et de l'Australie (2,3%); mais inférieure à celle des Salomon (13,5%).

Comparaison avec les leaders. Le secteur de l'industrie en Papouasie-Nouvelle-Guinée était inférieur à celui des États-Unis (1,5 billions de dollars), du Japon (1,2 billions de dollars), de l'Allemagne (534,0 milliards de dollars), de la Chine (285,9 milliards de dollars) et du Royaume-Uni (268,6 milliards de dollars). L'industrie par habitant en Papouasie-Nouvelle-Guinée était supérieure à celle de la Chine (231,9 de dollars); mais inférieure à celle du Japon (9 400,9 de dollars), de l'Allemagne (6 621,6 de dollars), des États-Unis (5 704,4 de dollars) et du Royaume-Uni (4 639,8 de dollars). La croissance de l'industrie en Papouasie-Nouvelle-Guinée était supérieure à celle des États-Unis (2,8%), du Japon (1,3%), du Royaume-Uni (1,2%) et de l'Allemagne (0,33%); mais inférieure à celle de la Chine (13,1%).

Les années 2000

Le secteur de l'industrie en Papouasie-Nouvelle-Guinée était de 2,0 milliards de dollars par an dans les années 2000, se situant au 111ème rang mondial à égalité avec la Bosnie-Herzégovine (1,9 milliards de dollars). La part dans le monde était de 0,019% et de 1,3% en Océanie.

La part de l'industrie dans l'économie de la Papouasie-Nouvelle-Guinée était de 27,2% dans les années 2000, se classant au 60ème rang mondial, à égalité avec l'Afrique du Sud (27,2%), le Ghana (27,2%), le Tchad (27,2%).

L'industrie par habitant en Papouasie-Nouvelle-Guinée était de 303.7 dollars dans les années 2000, se situant au 143ème rang mondial, à égalité avec le Kosovo (307,6 de dollars), la Bolivie (299,1 de dollars). L'industrie par habitant en Papouasie-Nouvelle-Guinée était 5,2 fois inférieure l'industrie par habitant au Monde (1 573,8 US$), et 15,0 fois inférieure l'industrie par habitant en Océanie (4 570,1 US$).

Chapitre V. Industrie

La croissance de l'industrie en Papouasie-Nouvelle-Guinée était de -0.8% dans les années 2000, se situant au 188ème rang mondial. La croissance de l'industrie en Papouasie-Nouvelle-Guinée (-0,84%) a été inférieure à celle du monde (2,9%), et inférieure à celle de l'Océanie (1,8%).

Comparaison avec les voisins. Le secteur de l'industrie en Papouasie-Nouvelle-Guinée était supérieur à celui des Salomon (36,8 millions de dollars); mais inférieur à celui de l'Australie (130,9 milliards de dollars) et de l'Indonésie (119,6 milliards de dollars). L'industrie par habitant en Papouasie-Nouvelle-Guinée était supérieure à celle des Salomon (79,2 de dollars); mais inférieure à celle de l'Australie (6 485,8 de dollars) et de l'Indonésie (531,9 de dollars). La croissance de l'industrie en Papouasie-Nouvelle-Guinée était inférieure à celle de l'Indonésie (3,5%), de l'Australie (2,0%) et des Salomon (-0,41%).

Comparaison avec les leaders. L'industrie de la Papouasie-Nouvelle-Guinée était inférieure à celle des États-Unis (2,1 billions de dollars), du Japon (1,1 billions de dollars), de la Chine (1,1 billions de dollars), de l'Allemagne (629,4 milliards de dollars) et du Royaume-Uni (345,1 milliards de dollars). L'industrie par habitant en Papouasie-Nouvelle-Guinée était inférieure à celle du Japon (8 848,8 de dollars), de l'Allemagne (7 732,1 de dollars), des États-Unis (7 144,5 de dollars), du Royaume-Uni (5 710,8 de dollars) et de la Chine (795,3 de dollars). La croissance de l'industrie en Papouasie-Nouvelle-Guinée était supérieure à celle du Royaume-Uni (-1,1%); mais inférieure à celle de la Chine (11,1%), des États-Unis (1,5%), de l'Allemagne (0,19%) et du Japon (0,15%).

Les années 2010

La valeur ajoutée de l'industrie en Papouasie-Nouvelle-Guinée était de 5,3 milliards de dollars par an dans les années 2010, se situant au 104ème rang mondial. La part dans le monde était de 0,031% et de 1,9% en Océanie.

La part de l'industrie dans l'économie de la Papouasie-Nouvelle-Guinée était de 25,9% dans les années 2010, se situant au 63ème rang mondial, à égalité avec l'Afrique (25,9%), le Yémen (25,9%), la Namibie (26,0%).

L'industrie par habitant en Papouasie-Nouvelle-Guinée était de 657.8 dollars dans les années 2010, au 130ème rang mondial, à égalité avec le Guatemala (660,3 de dollars), l'Arménie (653,5 de dollars), l'Ukraine (642,8 de dollars). L'industrie par habitant en Papouasie-Nouvelle-Guinée était 3,5 fois inférieure l'industrie par habitant au Monde (2 320,9 US$), et 10,8 fois inférieure l'industrie par habitant en Océanie (7 127,9 US$).

La croissance de l'industrie en Papouasie-Nouvelle-Guinée était de 10.2% dans les années 2010, se situant au 11ème rang mondial, à égalité avec le Bangladesh (10,3%). La croissance de l'industrie en Papouasie-Nouvelle-Guinée (10,2%) a été supérieure à celle du monde (3,5%), et supérieure à celle de l'Océanie (2,6%).

Comparaison avec les voisins. L'industrie de la Papouasie-Nouvelle-Guinée était 43,0 fois supérieure à celle des Salomon (123,0 millions de dollars); mais 55,0 fois inférieure à celle de l'Indonésie (290,8 milliards de dollars) et 46,2 fois inférieure à celle de l'Australie (244,0 milliards de dollars). L'industrie par habitant en Papouasie-Nouvelle-Guinée était 3,2 fois supérieure à celle des Salomon (206,1 de dollars); mais 15,6 fois inférieure à celle de l'Australie (10 280,9 de dollars) et 42,0% inférieure à celle de l'Indonésie (1 133,8 de dollars). La croissance de l'industrie en Papouasie-Nouvelle-Guinée était supérieure à celle de l'Indonésie (3,8%), des Salomon (2,7%) et de l'Australie (2,6%).

Comparaison avec les leaders. L'industrie de la Papouasie-Nouvelle-Guinée était 696,8 fois inférieure à celle de la Chine (3,7 billions de dollars), 518,7 fois inférieure à celle des États-Unis (2,7 billions de dollars), 225,2 fois inférieure à celle du Japon (1,2 billions de dollars), 158,9 fois inférieure à celle de l'Allemagne (840,0 milliards de dollars) et 83,9 fois inférieure à celle de l'Inde (443,4 milliards de dollars). L'industrie par habitant en Papouasie-Nouvelle-Guinée était 93,2% supérieure à celle de l'Inde (340,6 de dollars); mais 15,6 fois inférieure à celle de l'Allemagne (10 261,3 de dollars), 14,1 fois inférieure à celle du Japon (9 305,3 de dollars), 13,0 fois inférieure à celle des États-Unis (8 581,2 de dollars) et 4,0 fois inférieure à celle de la Chine (2 626,2 de dollars). La croissance de l'industrie en Papouasie-Nouvelle-Guinée était supérieure à celle de la Chine (7,5%), de l'Inde (6,5%), de l'Allemagne (3,2%), du Japon (2,6%) et des États-Unis (2,2%).

Chapitre 5.1. Fabrication

(ISIC D)

La fabrication de la Papouasie-Nouvelle-Guinée est passé de 77,9 millions de dollars par an dans les années 1970 à 445,9 millions de dollars par an dans les années 2010, c'est-à-dire 368,0 millions de dollars ou de 5,7 fois. La variation a été de 306,1 millions de dollars en raison de l'augmentation de 3,2 fois des prix, et de -61,2 millions de dollars en raison de la baisse de productivité de 1,4 fois, et de 123,1 millions de dollars en raison de la croissance démographique. La croissance annuelle moyenne de la fabrication était de 1,3%. La valeur minimale était de 26,0 millions de dollars en 1970. La valeur maximale était de 525,2 millions de dollars en 2012.

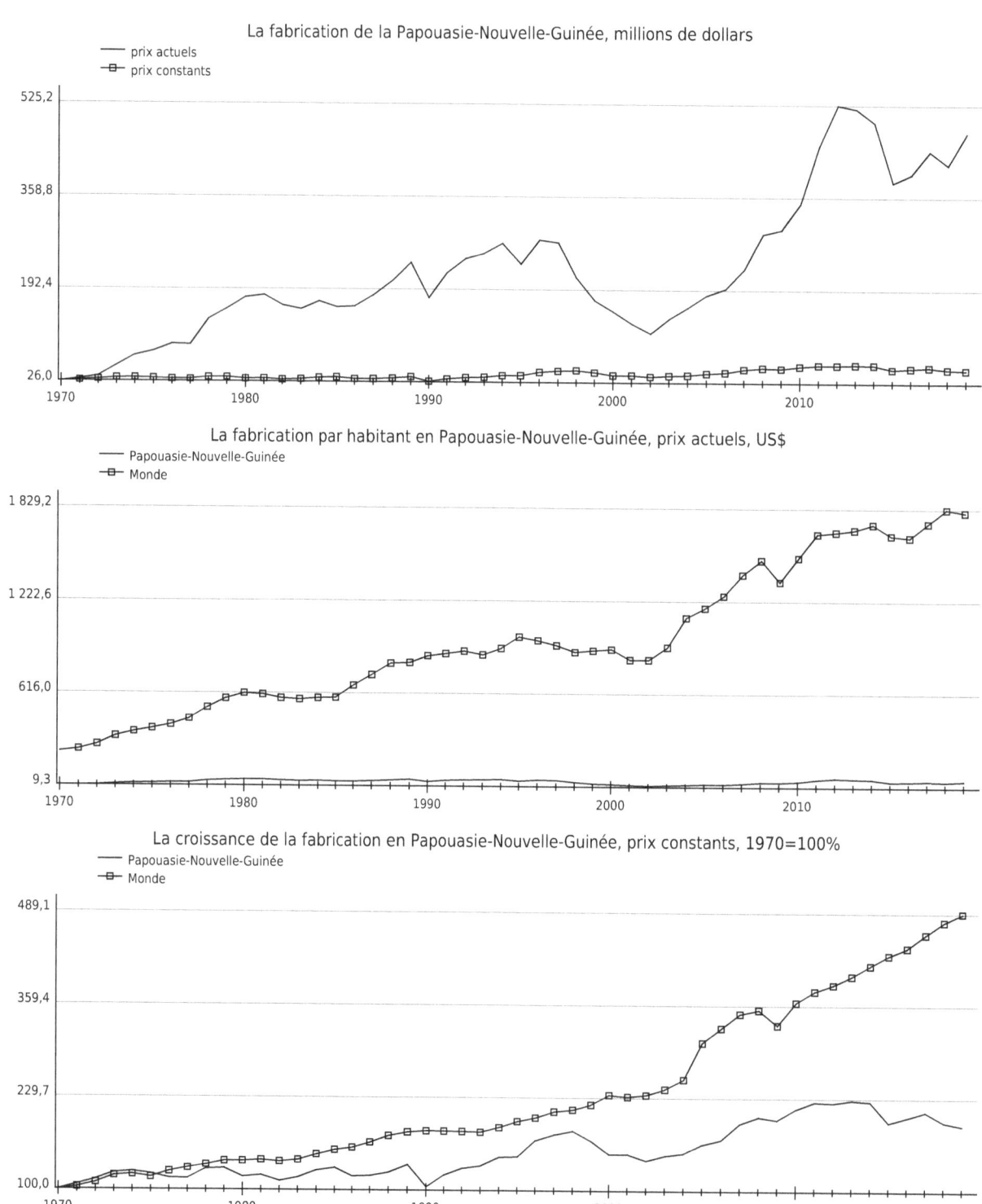

Chapitre 5.1. Fabrication

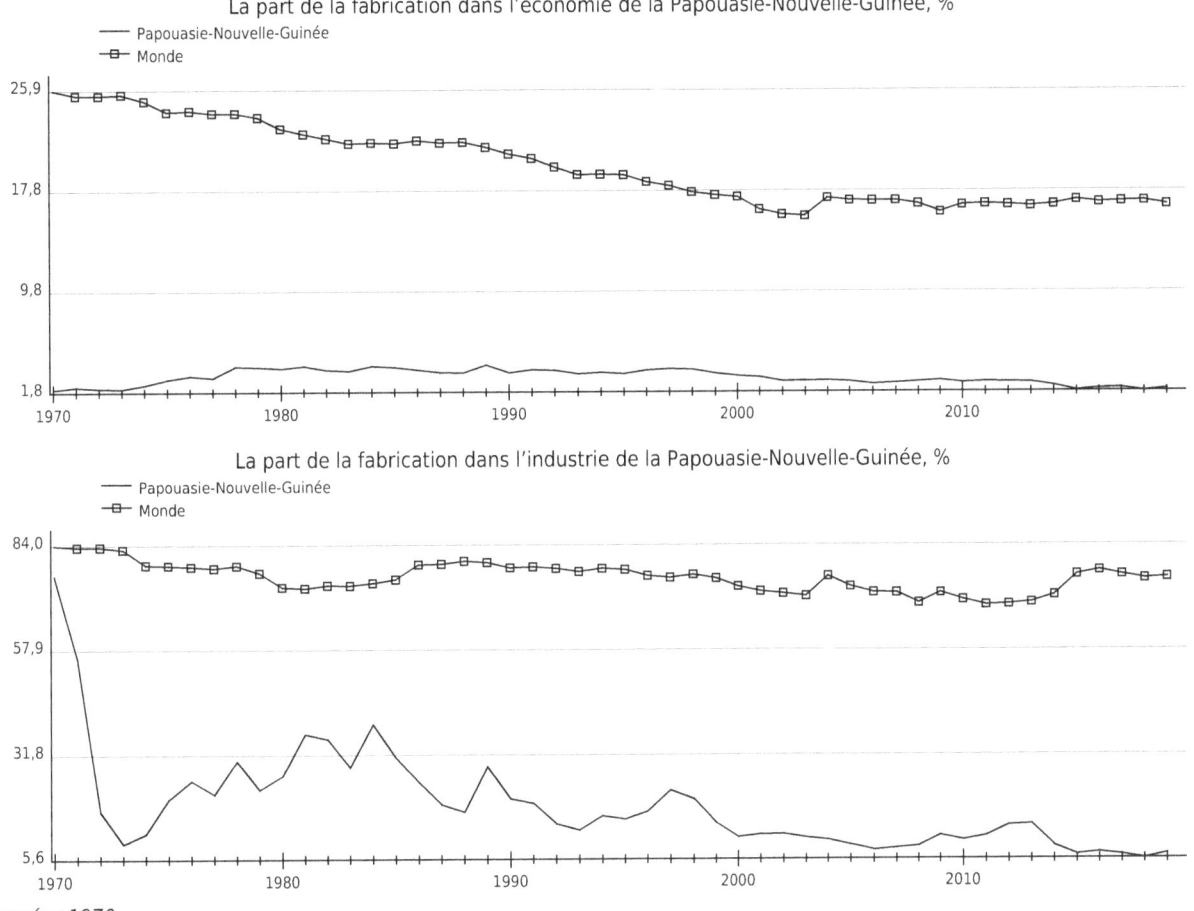

Les années 1970

La fabrication de la Papouasie-Nouvelle-Guinée était de 77,9 millions de dollars par an dans les années 1970, au 119ème rang mondial à égalité avec le Yémen (77,0 millions de dollars). La part dans le monde était de 0,0050% et de 0,36% en Océanie.

La part de l'industrie de transformation dans l'économie de la Papouasie-Nouvelle-Guinée était de 2,9% dans les années 1970, se situant au 169ème rang mondial.

La fabrication par habitant en Papouasie-Nouvelle-Guinée était de 25 dollars dans les années 1970, au 144ème rang mondial, à égalité avec le Botswana (24,9 de dollars), l'Indonésie (24,8 de dollars), l'Inde (25,3 de dollars). La fabrication par habitant en Papouasie-Nouvelle-Guinée était 15,3 fois inférieure la fabrication par habitant au Monde (383,2 US$), et 40,8 fois inférieure la fabrication par habitant en Océanie (1 020,6 US$).

La croissance de la fabrication en Papouasie-Nouvelle-Guinée était de 2.9% dans les années 1970, se classant au 136ème rang mondial, à égalité avec le Liechtenstein (2,9%). La croissance de la fabrication en Papouasie-Nouvelle-Guinée (2,9%) a été inférieure à celle du monde (3,8%), et supérieure à celle de l'Océanie (2,1%).

Comparaison avec les voisins. La fabrication de la Papouasie-Nouvelle-Guinée était supérieure à celle des Salomon (2,3 millions de dollars); mais inférieure à celle de l'Australie (18,1 milliards de dollars) et de l'Indonésie (3,2 milliards de dollars). La fabrication par habitant en Papouasie-Nouvelle-Guinée était supérieure à celle de l'Indonésie (24,8 de dollars) et des Salomon (12,1 de dollars); mais inférieure à celle de l'Australie (1 324,7 de dollars). La croissance de la fabrication en Papouasie-Nouvelle-Guinée était supérieure à celle de l'Australie (2,0%); mais inférieure à celle de l'Indonésie (13,8%) et des Salomon (9,0%).

Comparaison avec les leaders. La valeur ajoutée de l'industrie de transformation en Papouasie-Nouvelle-Guinée était inférieure à celle des États-Unis (378,0 milliards de dollars), de l'URSS (248,8 milliards de dollars), du Japon (169,3 milliards de dollars), de l'Allemagne (138,0 milliards de dollars) et de la France (64,5 milliards de dollars). La fabrication par habitant en Papouasie-Nouvelle-Guinée était inférieure à celle de l'Allemagne (1 752,1 de dollars), des États-Unis (1 731,8 de dollars), du Japon (1 520,6 de dollars), de la France (1 203,0 de dollars) et de l'URSS (986,6 de dollars). La croissance de l'industrie de transformation en Papouasie-Nouvelle-Guinée était supérieure à celle des États-Unis (2,7%) et de l'Allemagne (2,1%); mais inférieure à celle de l'URSS (5,2%), du Japon (4,5%) et de la

France (3,5%).

Les années 1980

La valeur de l'industrie de transformation en Papouasie-Nouvelle-Guinée était de 179,8 millions de dollars par an dans les années 1980, se classant au 122ème rang mondial à égalité avec le Liechtenstein (180,7 millions de dollars), l'Eswatini (178,7 millions de dollars), la République centrafricaine (184,2 millions de dollars). La part dans le monde était de 0,0056% et de 0,44% en Océanie.

La part de la fabrication dans l'économie de la Papouasie-Nouvelle-Guinée était de 3,7% dans les années 1980, se situant au 170ème rang mondial.

La fabrication par habitant en Papouasie-Nouvelle-Guinée était de 44.6 dollars dans les années 1980, se situant au 148ème rang mondial, à égalité avec la république démocratique du Congo (44,7 de dollars), le Pakistan (43,8 de dollars). La fabrication par habitant en Papouasie-Nouvelle-Guinée était 14,8 fois inférieure la fabrication par habitant au Monde (661,2 US$), et 37,2 fois inférieure la fabrication par habitant en Océanie (1 656,8 US$).

La croissance de l'industrie de transformation en Papouasie-Nouvelle-Guinée était de 0.4% dans les années 1980, au 152ème rang mondial. La croissance de la fabrication en Papouasie-Nouvelle-Guinée (0,42%) a été inférieure à celle du monde (2,6%), et inférieure à celle de l'Océanie (1,5%).

Comparaison avec les voisins. La valeur de l'industrie de transformation en Papouasie-Nouvelle-Guinée était supérieure à celle des Salomon (5,3 millions de dollars); mais inférieure à celle de l'Australie (33,5 milliards de dollars) et de l'Indonésie (15,4 milliards de dollars). La fabrication par habitant en Papouasie-Nouvelle-Guinée était supérieure à celle des Salomon (19,8 de dollars); mais inférieure à celle de l'Australie (2 148,9 de dollars) et de l'Indonésie (93,9 de dollars). La croissance de la fabrication en Papouasie-Nouvelle-Guinée était inférieure à celle de l'Indonésie (13,2%), des Salomon (2,8%) et de l'Australie (1,7%).

Comparaison avec les leaders. La fabrication de la Papouasie-Nouvelle-Guinée était inférieure à celle des États-Unis (789,4 milliards de dollars), du Japon (501,0 milliards de dollars), de l'URSS (305,7 milliards de dollars), de l'Allemagne (258,7 milliards de dollars) et de l'Italie (134,1 milliards de dollars). La fabrication par habitant en Papouasie-Nouvelle-Guinée était inférieure à celle du Japon (4 131,0 de dollars), de l'Allemagne (3 316,0 de dollars), des États-Unis (3 296,4 de dollars), de l'Italie (2 359,9 de dollars) et de l'URSS (1 110,8 de dollars). La croissance de l'industrie de transformation en Papouasie-Nouvelle-Guinée était inférieure à celle de l'URSS (5,3%), du Japon (4,4%), de l'Italie (2,5%), des États-Unis (1,9%) et de l'Allemagne (1,2%).

Les années 1990

La valeur de la fabrication en Papouasie-Nouvelle-Guinée était de 236,2 millions de dollars par an dans les années 1990, se classant au 146ème rang mondial à égalité avec les Fidji (232,9 millions de dollars). La part dans le monde était de 0,0046% et de 0,41% en Océanie.

La part de l'industrie de transformation dans l'économie de la Papouasie-Nouvelle-Guinée était de 3,4% dans les années 1990, se situant au 189ème rang mondial.

La fabrication par habitant en Papouasie-Nouvelle-Guinée était de 45.9 dollars dans les années 1990, se situant au 173ème rang mondial, à égalité avec le Bangladesh (45,7 de dollars), d'Haïti (46,8 de dollars). La fabrication par habitant en Papouasie-Nouvelle-Guinée était 19,8 fois inférieure la fabrication par habitant au Monde (908,4 US$), et 43,3 fois inférieure la fabrication par habitant en Océanie (1 986,6 US$).

La croissance de la fabrication en Papouasie-Nouvelle-Guinée était de 2.3% dans les années 1990, au 104ème rang mondial, à égalité avec le Portugal (2,3%), les Philippines (2,3%). La croissance de la fabrication en Papouasie-Nouvelle-Guinée (2,3%) a été supérieure à celle du monde (2,0%), et supérieure à celle de l'Océanie (1,3%).

Comparaison avec les voisins. La valeur de la fabrication en Papouasie-Nouvelle-Guinée était supérieure à celle des Salomon (20,3 millions de dollars); mais inférieure à celle de l'Australie (46,8 milliards de dollars) et de l'Indonésie (44,5 milliards de dollars). La fabrication par habitant en Papouasie-Nouvelle-Guinée était inférieure à celle de l'Australie (2 616,2 de dollars), de l'Indonésie (227,2 de dollars) et des Salomon (57,1 de dollars). La croissance de la fabrication en Papouasie-Nouvelle-Guinée était supérieure à celle de l'Australie (1,4%); mais inférieure à celle de l'Indonésie (7,4%) et des Salomon (5,7%).

Comparaison avec les leaders. La valeur de l'industrie de transformation en Papouasie-Nouvelle-Guinée était inférieure à celle des États-Unis (1,2 billions de dollars), du Japon (1,0 billions de dollars), de l'Allemagne (468,8 milliards de dollars), de l'Italie (227,8

Chapitre 5.1. Fabrication

milliards de dollars) et de la France (215,0 milliards de dollars). La fabrication par habitant en Papouasie-Nouvelle-Guinée était inférieure à celle du Japon (8 305,2 de dollars), de l'Allemagne (5 813,5 de dollars), des États-Unis (4 707,3 de dollars), de l'Italie (3 994,1 de dollars) et de la France (3 621,1 de dollars). La croissance de la fabrication en Papouasie-Nouvelle-Guinée était supérieure à celle de l'Italie (1,2%), du Japon (1,1%) et de l'Allemagne (0,26%); mais inférieure à celle des États-Unis (3,2%) et de la France (2,4%).

Les années 2000

Le secteur de la fabrication en Papouasie-Nouvelle-Guinée était de 190,5 millions de dollars par an dans les années 2000, au 164ème rang mondial à égalité avec Curaçao (186,4 millions de dollars). La part dans le monde était de 0,0026% et de 0,23% en Océanie.

La part de l'industrie de transformation dans l'économie de la Papouasie-Nouvelle-Guinée était de 2,6% dans les années 2000, se classant au 195ème rang mondial.

La fabrication par habitant en Papouasie-Nouvelle-Guinée était de 29.5 dollars dans les années 2000, au 198ème rang mondial. La fabrication par habitant en Papouasie-Nouvelle-Guinée était 38,6 fois inférieure la fabrication par habitant au Monde (1 138,1 US$), et 84,1 fois inférieure la fabrication par habitant en Océanie (2 480,4 US$).

La croissance de l'industrie de transformation en Papouasie-Nouvelle-Guinée était de 1.7% dans les années 2000, se situant au 128ème rang mondial, à égalité avec la Nouvelle-Calédonie (1,7%). La croissance de l'industrie de transformation en Papouasie-Nouvelle-Guinée (1,7%) a été inférieure à celle du monde (4,2%), et supérieure à celle de l'Océanie (0,79%).

Comparaison avec les voisins. La valeur de la fabrication en Papouasie-Nouvelle-Guinée était supérieure à celle des Salomon (29,8 millions de dollars); mais inférieure à celle de l'Indonésie (82,2 milliards de dollars) et de l'Australie (67,6 milliards de dollars). La fabrication par habitant en Papouasie-Nouvelle-Guinée était inférieure à celle de l'Australie (3 352,2 de dollars), de l'Indonésie (365,7 de dollars) et des Salomon (64,2 de dollars). La croissance de l'industrie de transformation en Papouasie-Nouvelle-Guinée était supérieure à celle de l'Australie (0,93%); mais inférieure à celle des Salomon (7,1%) et de l'Indonésie (4,6%).

Comparaison avec les leaders. La valeur ajoutée de l'industrie de transformation en Papouasie-Nouvelle-Guinée était inférieure à celle des États-Unis (1,6 billions de dollars), de la Chine (1,1 billions de dollars), du Japon (992,9 milliards de dollars), de l'Allemagne (551,4 milliards de dollars) et de l'Italie (277,2 milliards de dollars). La fabrication par habitant en Papouasie-Nouvelle-Guinée était inférieure à celle du Japon (7 746,3 de dollars), de l'Allemagne (6 773,6 de dollars), des États-Unis (5 600,5 de dollars), de l'Italie (4 780,8 de dollars) et de la Chine (815,3 de dollars). La croissance de la fabrication en Papouasie-Nouvelle-Guinée était supérieure à celle des États-Unis (1,6%), du Japon (0,32%), de l'Allemagne (0,097%) et de l'Italie (-1,3%).

Les années 2010

La valeur de l'industrie de transformation en Papouasie-Nouvelle-Guinée était de 445,9 millions de dollars par an dans les années 2010, se situant au 157ème rang mondial. La part dans le monde était de 0,0036% et de 0,40% en Océanie.

La part de l'industrie de transformation dans l'économie de la Papouasie-Nouvelle-Guinée était de 2,2% dans les années 2010, au 196ème rang mondial, à égalité avec d'Anguilla (2,2%).

La fabrication par habitant en Papouasie-Nouvelle-Guinée était de 55.5 dollars dans les années 2010, au 194ème rang mondial, à égalité avec le Rwanda (56,0 de dollars). La fabrication par habitant en Papouasie-Nouvelle-Guinée était 30,6 fois inférieure la fabrication par habitant au Monde (1 697,4 US$), et 51,3 fois inférieure la fabrication par habitant en Océanie (2 847,4 US$).

La croissance de l'industrie de transformation en Papouasie-Nouvelle-Guinée était de -0.4% dans les années 2010, se classant au 181ème rang mondial. La croissance de l'industrie de transformation en Papouasie-Nouvelle-Guinée (-0,40%) a été inférieure à celle du monde (3,9%), et inférieure à celle de l'Océanie (-0,27%).

Comparaison avec les voisins. Le secteur de la fabrication en Papouasie-Nouvelle-Guinée était 4,9 fois supérieur à celui des Salomon (91,8 millions de dollars); mais 435,4 fois inférieur à celui de l'Indonésie (194,1 milliards de dollars) et 200,6 fois inférieur à celui de l'Australie (89,5 milliards de dollars). La fabrication par habitant en Papouasie-Nouvelle-Guinée était 67,9 fois inférieure à celle de l'Australie (3 769,3 de dollars), 13,6 fois inférieure à celle de l'Indonésie (756,8 de dollars) et 2,8 fois inférieure à celle des Salomon (153,9 de dollars). La croissance de l'industrie de transformation en Papouasie-Nouvelle-Guinée était supérieure à celle de l'Australie (-0,84%); mais inférieure à celle de l'Indonésie (4,6%) et des Salomon (2,3%).

Comparaison avec les leaders. Le secteur de la fabrication en Papouasie-Nouvelle-Guinée était 6 986,7 fois inférieur à celui de la Chine

(3,1 billions de dollars), 4 643,8 fois inférieur à celui des États-Unis (2,1 billions de dollars), 2 377,4 fois inférieur à celui du Japon (1,1 billions de dollars), 1 648,9 fois inférieur à celui de l'Allemagne (735,2 milliards de dollars) et 875,9 fois inférieur à celui de la Corée du Sud (390,5 milliards de dollars). La fabrication par habitant en Papouasie-Nouvelle-Guinée était 161,9 fois inférieure à celle de l'Allemagne (8 981,7 de dollars), 149,3 fois inférieure à celle du Japon (8 286,2 de dollars), 139,2 fois inférieure à celle de la Corée du Sud (7 723,3 de dollars), 116,8 fois inférieure à celle des États-Unis (6 481,0 de dollars) et 40,0 fois inférieure à celle de la Chine (2 221,3 de dollars). La croissance de la fabrication en Papouasie-Nouvelle-Guinée était inférieure à celle de la Chine (7,5%), de la Corée du Sud (3,8%), de l'Allemagne (3,5%), du Japon (3,0%) et des États-Unis (1,9%).

Chapitre VI. Construction

(ISIC F)

La construction de la Papouasie-Nouvelle-Guinée est passé de 91,9 millions de dollars par an dans les années 1970 à 1,7 milliards de dollars par an dans les années 2010, c'est-à-dire 1,6 milliards de dollars ou de 18,9 fois. La variation a été de 586,3 millions de dollars en raison de l'augmentation de 1,5 fois des prix, et de 914,7 millions de dollars en raison de la croissance de productivité de 4,9 fois, et de 145,4 millions de dollars en raison de la croissance démographique. La croissance annuelle moyenne de la construction était de 5,3%. La valeur minimale était de 73,3 millions de dollars en 1976. La valeur maximale était de 2,1 milliards de dollars en 2012.

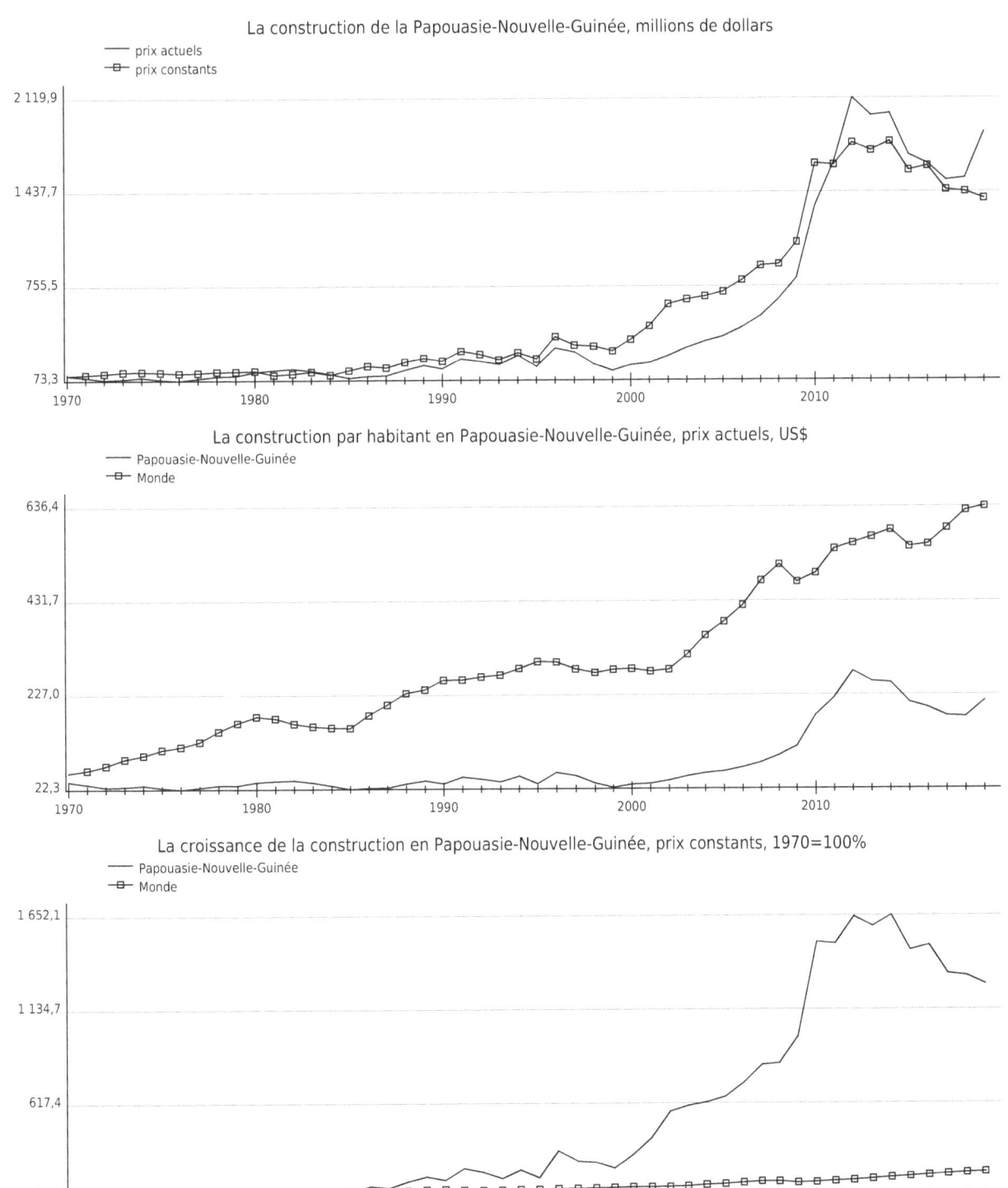

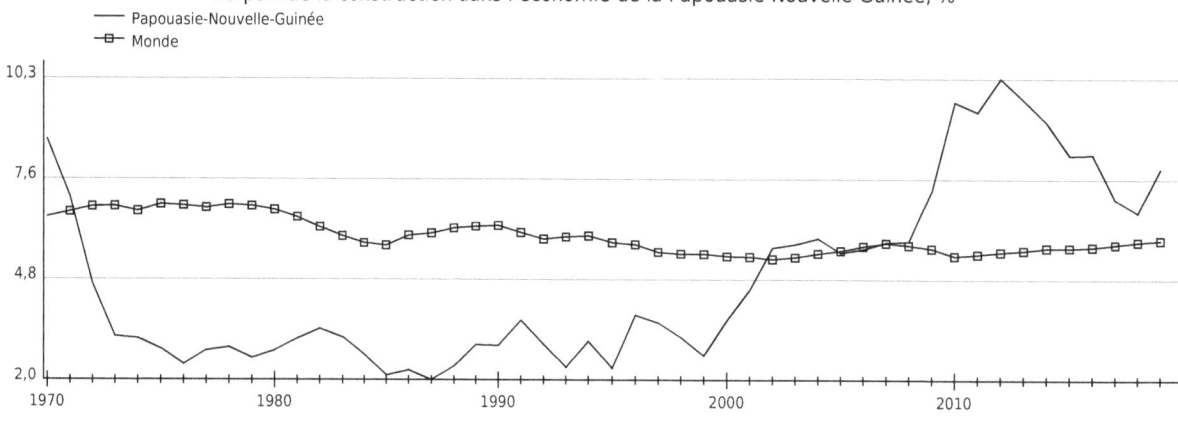

Les années 1970

La valeur de la construction en Papouasie-Nouvelle-Guinée était de 91,9 millions de dollars par an dans les années 1970, se classant au 98ème rang mondial à égalité avec le Ghana (92,7 millions de dollars), le Guatemala (91,0 millions de dollars). La part dans le monde était de 0,021% et de 1,0% en Océanie.

La part de la construction dans l'économie de la Papouasie-Nouvelle-Guinée était de 3,5% dans les années 1970, se situant au 154ème rang mondial, à égalité avec Madagascar (3,5%).

La construction par habitant en Papouasie-Nouvelle-Guinée était de 29.5 dollars dans les années 1970, au 122ème rang mondial, à égalité avec les Seychelles (29,6 de dollars), les Îles Vierges britanniques (29,0 de dollars), le Maroc (30,1 de dollars). La construction par habitant en Papouasie-Nouvelle-Guinée était 3,6 fois inférieure la construction par habitant au Monde (106,1 US$), et 14,1 fois inférieure la construction par habitant en Océanie (415,3 US$).

La croissance de la construction en Papouasie-Nouvelle-Guinée était de 2.7% dans les années 1970, se classant au 128ème rang mondial, à égalité avec la Namibie (2,7%), le Sri Lanka (2,7%), la Guinée-Bissau (2,7%). La croissance de la construction en Papouasie-Nouvelle-Guinée (2,7%) a été supérieure à celle du monde (2,1%), et supérieure à celle de l'Océanie (1,7%).

Comparaison avec les voisins. La construction de la Papouasie-Nouvelle-Guinée était supérieure à celle des Salomon (2,5 millions de dollars); mais inférieure à celle de l'Australie (7,7 milliards de dollars) et de l'Indonésie (1,3 milliards de dollars). La construction par habitant en Papouasie-Nouvelle-Guinée était supérieure à celle des Salomon (13,2 de dollars) et de l'Indonésie (10,3 de dollars); mais inférieure à celle de l'Australie (563,4 de dollars). La croissance de la construction en Papouasie-Nouvelle-Guinée était supérieure à celle de l'Australie (1,8%); mais inférieure à celle de l'Indonésie (16,4%) et des Salomon (9,1%).

Comparaison avec les leaders. La valeur ajoutée de la construction en Papouasie-Nouvelle-Guinée était inférieure à celle des États-Unis (81,1 milliards de dollars), de l'URSS (52,5 milliards de dollars), du Japon (43,5 milliards de dollars), de l'Allemagne (33,8 milliards de dollars) et de la France (22,4 milliards de dollars). La construction par habitant en Papouasie-Nouvelle-Guinée était inférieure à celle de l'Allemagne (428,6 de dollars), de la France (417,3 de dollars), du Japon (390,8 de dollars), des États-Unis (371,5 de dollars) et de l'URSS (208,1 de dollars). La croissance de la construction en Papouasie-Nouvelle-Guinée était supérieure à celle de la France (2,0%), de l'Allemagne (0,66%) et des États-Unis (0,31%); mais inférieure à celle de l'URSS (6,5%) et du Japon (3,4%).

Les années 1980

La construction de la Papouasie-Nouvelle-Guinée était de 133,8 millions de dollars par an dans les années 1980, se classant au 103ème rang mondial à égalité avec le Mozambique (132,5 millions de dollars), le Malawi (136,8 millions de dollars). La part dans le monde était de 0,015% et de 0,80% en Océanie.

La part de la construction dans l'économie de la Papouasie-Nouvelle-Guinée était de 2,7% dans les années 1980, au 169ème rang mondial.

La construction par habitant en Papouasie-Nouvelle-Guinée était de 33.2 dollars dans les années 1980, se classant au 134ème rang mondial, à égalité avec l'Asie du Sud-Est (32,8 de dollars). La construction par habitant en Papouasie-Nouvelle-Guinée était 5,6 fois inférieure la construction par habitant au Monde (186,2 US$), et 20,4 fois inférieure la construction par habitant en Océanie (677,4 US$).

Chapitre VI. Construction

La croissance de la construction en Papouasie-Nouvelle-Guinée était de 5.3% dans les années 1980, se situant au 41ème rang mondial, à égalité avec Djibouti (5,3%), la Bulgarie (5,4%). La croissance de la construction en Papouasie-Nouvelle-Guinée (5,3%) a été supérieure à celle du monde (1,7%), et supérieure à celle de l'Océanie (2,8%).

Comparaison avec les voisins. La construction de la Papouasie-Nouvelle-Guinée était supérieure à celle des Salomon (6,1 millions de dollars); mais inférieure à celle de l'Australie (14,7 milliards de dollars) et de l'Indonésie (4,5 milliards de dollars). La construction par habitant en Papouasie-Nouvelle-Guinée était supérieure à celle de l'Indonésie (27,2 de dollars) et des Salomon (22,7 de dollars); mais inférieure à celle de l'Australie (945,2 de dollars). La croissance de la construction en Papouasie-Nouvelle-Guinée était supérieure à celle de l'Australie (3,0%) et des Salomon (1,6%); mais inférieure à celle de l'Indonésie (6,2%).

Comparaison avec les leaders. La valeur de la construction en Papouasie-Nouvelle-Guinée était inférieure à celle des États-Unis (180,6 milliards de dollars), du Japon (138,7 milliards de dollars), de l'URSS (72,1 milliards de dollars), de l'Allemagne (57,8 milliards de dollars) et de la France (42,5 milliards de dollars). La construction par habitant en Papouasie-Nouvelle-Guinée était inférieure à celle du Japon (1 143,9 de dollars), des États-Unis (754,4 de dollars), de la France (751,9 de dollars), de l'Allemagne (740,2 de dollars) et de l'URSS (262,0 de dollars). La croissance de la construction en Papouasie-Nouvelle-Guinée était supérieure à celle du Japon (2,1%), des États-Unis (1,1%), de la France (0,67%) et de l'Allemagne (-0,52%); mais inférieure à celle de l'URSS (6,2%).

Les années 1990

La valeur ajoutée de la construction en Papouasie-Nouvelle-Guinée était de 212,9 millions de dollars par an dans les années 1990, se situant au 120ème rang mondial à égalité avec la Bolivie (208,5 millions de dollars), la Nouvelle-Calédonie (208,0 millions de dollars), l'Ouganda (207,8 millions de dollars). La part dans le monde était de 0,013% et de 0,84% en Océanie.

La part de la construction dans l'économie de la Papouasie-Nouvelle-Guinée était de 3,1% dans les années 1990, se classant au 179ème rang mondial.

La construction par habitant en Papouasie-Nouvelle-Guinée était de 41.4 dollars dans les années 1990, se classant au 150ème rang mondial, à égalité avec la Géorgie (41,3 de dollars). La construction par habitant en Papouasie-Nouvelle-Guinée était 6,7 fois inférieure la construction par habitant au Monde (278,6 US$), et 21,3 fois inférieure la construction par habitant en Océanie (881,0 US$).

La croissance de la construction en Papouasie-Nouvelle-Guinée était de 2% dans les années 1990, se situant au 109ème rang mondial, à égalité avec les Fidji (2,0%). La croissance de la construction en Papouasie-Nouvelle-Guinée (2,0%) a été supérieure à celle du monde (0,71%), et inférieure à celle de l'Océanie (3,0%).

Comparaison avec les voisins. Le secteur de la construction en Papouasie-Nouvelle-Guinée était supérieur à celui des Salomon (9,5 millions de dollars); mais inférieur à celui de l'Australie (22,5 milliards de dollars) et de l'Indonésie (10,4 milliards de dollars). La construction par habitant en Papouasie-Nouvelle-Guinée était supérieure à celle des Salomon (26,7 de dollars); mais inférieure à celle de l'Australie (1 258,3 de dollars) et de l'Indonésie (53,1 de dollars). La croissance de la construction en Papouasie-Nouvelle-Guinée était supérieure à celle des Salomon (-1,4%); mais inférieure à celle de l'Indonésie (5,4%) et de l'Australie (3,2%).

Comparaison avec les leaders. La valeur ajoutée de la construction en Papouasie-Nouvelle-Guinée était inférieure à celle du Japon (343,2 milliards de dollars), des États-Unis (299,1 milliards de dollars), de l'Allemagne (125,2 milliards de dollars), du Royaume-Uni (69,8 milliards de dollars) et de la France (68,8 milliards de dollars). La construction par habitant en Papouasie-Nouvelle-Guinée était inférieure à celle du Japon (2 721,7 de dollars), de l'Allemagne (1 552,3 de dollars), du Royaume-Uni (1 205,1 de dollars), de la France (1 158,8 de dollars) et des États-Unis (1 131,2 de dollars). La croissance de la construction en Papouasie-Nouvelle-Guinée était supérieure à celle des États-Unis (1,8%), de l'Allemagne (-0,047%), du Royaume-Uni (-0,34%), de la France (-0,65%) et du Japon (-1,0%).

Les années 2000

La valeur ajoutée de la construction en Papouasie-Nouvelle-Guinée était de 414,8 millions de dollars par an dans les années 2000, au 123ème rang mondial à égalité avec la Jordanie (425,2 millions de dollars). La part dans le monde était de 0,017% et de 0,76% en Océanie.

La part de la construction dans l'économie de la Papouasie-Nouvelle-Guinée était de 5,8% dans les années 2000, se classant au 105ème rang mondial, à égalité avec les Bermudes (5,8%), l'Italie (5,7%), le Maroc (5,7%).

La construction par habitant en Papouasie-Nouvelle-Guinée était de 64.3 dollars dans les années 2000, au 153ème rang mondial, à égalité avec la Zambie (65,4 de dollars). La construction par habitant en Papouasie-Nouvelle-Guinée était 5,9 fois inférieure la construction par habitant au Monde (381,3 US$), et 25,6 fois inférieure la construction par habitant en Océanie (1 644,6 US$).

La croissance de la construction en Papouasie-Nouvelle-Guinée était de 14.2% dans les années 2000, au 16ème rang mondial. La croissance de la construction en Papouasie-Nouvelle-Guinée (14,2%) a été supérieure à celle du monde (1,5%), et supérieure à celle de l'Océanie (4,8%).

Comparaison avec les voisins. Le secteur de la construction en Papouasie-Nouvelle-Guinée était supérieur à celui des Salomon (10,9 millions de dollars); mais inférieur à celui de l'Australie (48,3 milliards de dollars) et de l'Indonésie (22,7 milliards de dollars). La construction par habitant en Papouasie-Nouvelle-Guinée était supérieure à celle des Salomon (23,5 de dollars); mais inférieure à celle de l'Australie (2 394,4 de dollars) et de l'Indonésie (100,9 de dollars). La croissance de la construction en Papouasie-Nouvelle-Guinée était supérieure à celle de l'Indonésie (6,8%), de l'Australie (4,9%) et des Salomon (1,8%).

Comparaison avec les leaders. Le secteur de la construction en Papouasie-Nouvelle-Guinée était inférieur à celui des États-Unis (583,0 milliards de dollars), du Japon (270,5 milliards de dollars), de la Chine (150,1 milliards de dollars), du Royaume-Uni (132,1 milliards de dollars) et de l'Espagne (111,8 milliards de dollars). La construction par habitant en Papouasie-Nouvelle-Guinée était inférieure à celle de l'Espagne (2 560,2 de dollars), du Royaume-Uni (2 186,4 de dollars), du Japon (2 110,1 de dollars), des États-Unis (1 983,7 de dollars) et de la Chine (113,1 de dollars). La croissance de la construction en Papouasie-Nouvelle-Guinée était supérieure à celle de la Chine (11,9%), de l'Espagne (1,7%), du Royaume-Uni (0,17%), des États-Unis (-2,6%) et du Japon (-3,9%).

Les années 2010

La valeur de la construction en Papouasie-Nouvelle-Guinée était de 1,7 milliards de dollars par an dans les années 2010, se situant au 97ème rang mondial. La part dans le monde était de 0,041% et de 1,4% en Océanie.

La part de la construction dans l'économie de la Papouasie-Nouvelle-Guinée était de 8,5% dans les années 2010, au 36ème rang mondial, à égalité avec le Kirghizistan (8,5%), la Corée du Nord (8,5%), les Tonga (8,6%).

La construction par habitant en Papouasie-Nouvelle-Guinée était de 216.4 dollars dans les années 2010, se situant au 130ème rang mondial, à égalité avec la Bosnie-Herzégovine (213,7 de dollars). La construction par habitant en Papouasie-Nouvelle-Guinée était 2,6 fois inférieure la construction par habitant au Monde (572,1 US$), et 14,7 fois inférieure la construction par habitant en Océanie (3 171,9 US$).

La croissance de la construction en Papouasie-Nouvelle-Guinée était de 2.6% dans les années 2010, se situant au 114ème rang mondial. La croissance de la construction en Papouasie-Nouvelle-Guinée (2,6%) a été inférieure à celle du monde (2,9%), et supérieure à celle de l'Océanie (1,7%).

Comparaison avec les voisins. La valeur de la construction en Papouasie-Nouvelle-Guinée était 35,5 fois supérieure à celle des Salomon (48,9 millions de dollars); mais 63,4 fois inférieure à celle de l'Australie (110,2 milliards de dollars) et 53,5 fois inférieure à celle de l'Indonésie (93,0 milliards de dollars). La construction par habitant en Papouasie-Nouvelle-Guinée était 2,6 fois supérieure à celle des Salomon (82,0 de dollars); mais 21,5 fois inférieure à celle de l'Australie (4 645,0 de dollars) et 40,4% inférieure à celle de l'Indonésie (362,7 de dollars). La croissance de la construction en Papouasie-Nouvelle-Guinée était supérieure à celle de l'Australie (1,4%); mais inférieure à celle de l'Indonésie (6,6%) et des Salomon (5,4%).

Comparaison avec les leaders. La valeur de la construction en Papouasie-Nouvelle-Guinée était 420,6 fois inférieure à celle de la Chine (731,1 milliards de dollars), 391,6 fois inférieure à celle des États-Unis (680,8 milliards de dollars), 160,3 fois inférieure à celle du Japon (278,7 milliards de dollars), 96,7 fois inférieure à celle de l'Inde (168,1 milliards de dollars) et 88,1 fois inférieure à celle de l'Allemagne (153,2 milliards de dollars). La construction par habitant en Papouasie-Nouvelle-Guinée était 67,6% supérieure à celle de l'Inde (129,1 de dollars); mais 10,1 fois inférieure à celle du Japon (2 178,3 de dollars), 9,8 fois inférieure à celle des États-Unis (2 130,9 de dollars), 8,7 fois inférieure à celle de l'Allemagne (1 871,9 de dollars) et 2,4 fois inférieure à celle de la Chine (521,3 de dollars). La croissance de la construction en Papouasie-Nouvelle-Guinée était supérieure à celle de l'Allemagne (1,8%), du Japon (1,7%) et des États-Unis (1,4%); mais inférieure à celle de la Chine (8,2%) et de l'Inde (5,2%).

Chapitre VII. Transport

Transport et stockage (ISIC I)

Le secteur du transport en Papouasie-Nouvelle-Guinée est passé de 305,2 millions de dollars par an dans les années 1970 à 871,9 millions de dollars par an dans les années 2010, c'est-à-dire 566,7 millions de dollars ou de 2,9 fois. La variation a été de 208,1 millions de dollars en raison de l'augmentation de 1,3 fois des prix, et de -124,1 millions de dollars en raison de la baisse de productivité de 1,2 fois, et de 482,7 millions de dollars en raison de la croissance démographique. La croissance annuelle moyenne du transport était de 2,2%. La valeur minimale était de 183,7 millions de dollars en 2002. La valeur maximale était de 981,1 millions de dollars en 2012.

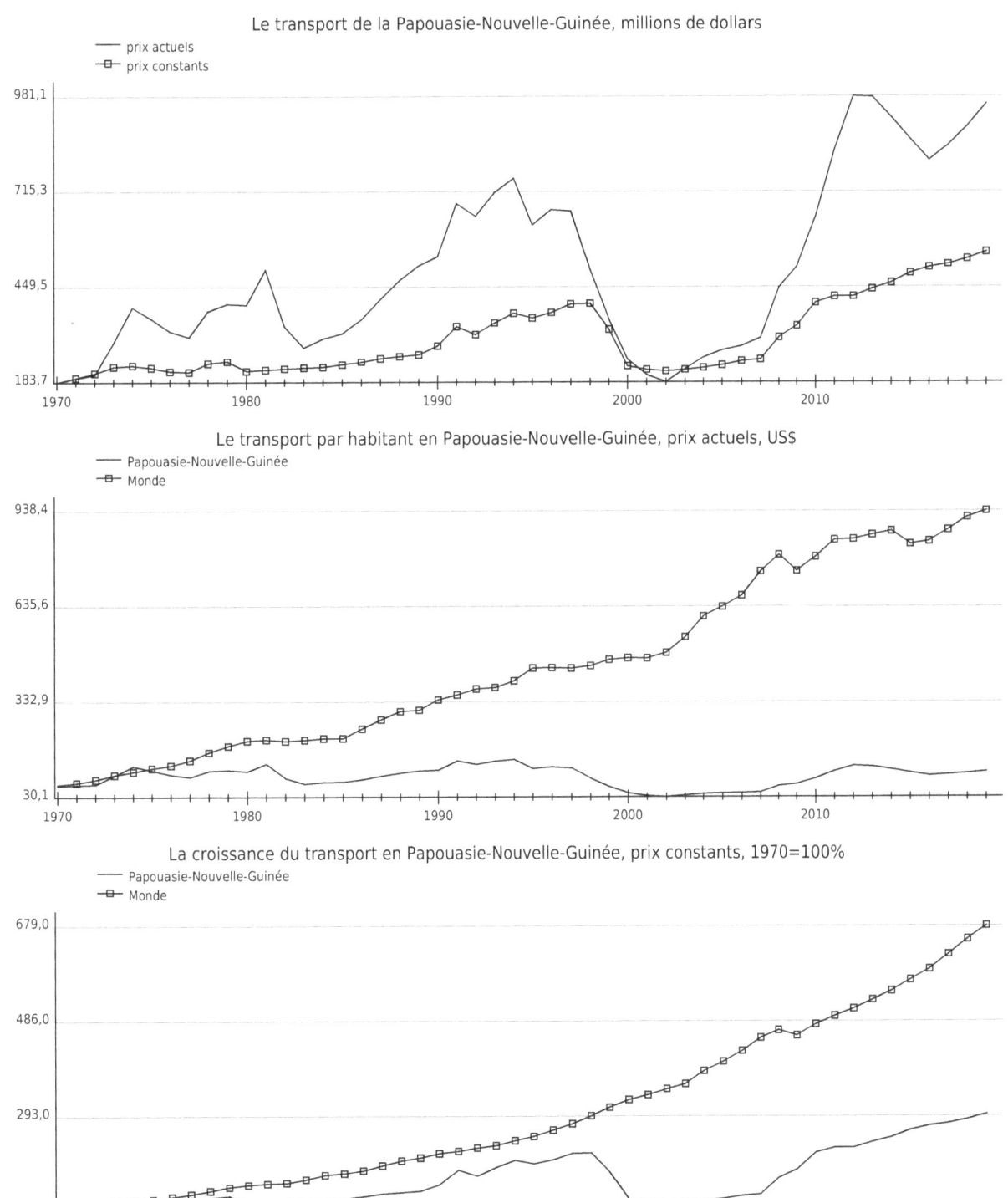

Les années 1970

Le secteur du transport en Papouasie-Nouvelle-Guinée était de 305,2 millions de dollars par an dans les années 1970, se situant au 70ème rang mondial à égalité avec la République dominicaine (307,3 millions de dollars), le Zimbabwe (300,6 millions de dollars). La part dans le monde était de 0,062% et de 3,4% en Océanie.

La part du transport dans l'économie de la Papouasie-Nouvelle-Guinée était de 11,5% dans les années 1970, se situant au 15ème rang mondial, à égalité avec l'Irlande (11,5%), le Liban (11,4%), d'Anguilla (11,6%).

Le transport par habitant en Papouasie-Nouvelle-Guinée était de 98.1 dollars dans les années 1970, au 65ème rang mondial, à égalité avec d'Anguilla (97,7 de dollars), la Barbade (99,0 de dollars), la Jamaïque (99,0 de dollars). Le transport par habitant en Papouasie-Nouvelle-Guinée était 19,8% inférieur le transport par habitant au Monde (122,3 US$), et 4,3 fois inférieur le transport par habitant en Océanie (423,7 US$).

La croissance du transport en Papouasie-Nouvelle-Guinée était de 3.1% dans les années 1970, se classant au 142ème rang mondial. La croissance du transport en Papouasie-Nouvelle-Guinée (3,1%) a été inférieure à celle du monde (4,6%), et inférieure à celle de l'Océanie (4,9%).

Comparaison avec les voisins. La valeur ajoutée du transport en Papouasie-Nouvelle-Guinée était supérieure à celle des Salomon (3,2 millions de dollars); mais inférieure à celle de l'Australie (7,4 milliards de dollars) et de l'Indonésie (1,5 milliards de dollars). Le transport par habitant en Papouasie-Nouvelle-Guinée était supérieur à celui des Salomon (16,7 de dollars) et de l'Indonésie (11,8 de dollars); mais inférieur à celui de l'Australie (540,3 de dollars). La croissance du transport en Papouasie-Nouvelle-Guinée était inférieure à celle de l'Indonésie (14,5%), des Salomon (9,1%) et de l'Australie (5,1%).

Comparaison avec les leaders. La valeur du transport en Papouasie-Nouvelle-Guinée était inférieure à celle des États-Unis (168,6 milliards de dollars), du Japon (46,4 milliards de dollars), de l'Allemagne (29,6 milliards de dollars), de l'URSS (28,8 milliards de dollars) et de la France (24,0 milliards de dollars). Le transport par habitant en Papouasie-Nouvelle-Guinée était inférieur à celui des États-Unis (772,4 de dollars), de la France (447,4 de dollars), du Japon (416,6 de dollars), de l'Allemagne (376,1 de dollars) et de l'URSS (114,0 de dollars). La croissance du transport en Papouasie-Nouvelle-Guinée était supérieure à celle de l'Allemagne (3,0%) et du Japon (1,7%); mais inférieure à celle de l'URSS (8,1%), des États-Unis (4,2%) et de la France (4,1%).

Les années 1980

Le secteur du transport en Papouasie-Nouvelle-Guinée était de 389,0 millions de dollars par an dans les années 1980, se situant au 85ème rang mondial à égalité avec le Paraguay (392,6 millions de dollars), l'Islande (380,5 millions de dollars). La part dans le monde était de 0,033% et de 1,8% en Océanie.

La part du transport dans l'économie de la Papouasie-Nouvelle-Guinée était de 7,9% dans les années 1980, se situant au 87ème rang mondial, à égalité avec la Corée du Sud (7,9%), le Belize (7,9%), la Bolivie (7,9%).

Le transport par habitant en Papouasie-Nouvelle-Guinée était de 96.5 dollars dans les années 1980, se situant au 106ème rang mondial, à égalité avec Sao Tomé-et-Principe (97,4 de dollars), Djibouti (95,3 de dollars), le Vanuatu (97,7 de dollars). Le transport par habitant en Papouasie-Nouvelle-Guinée était 2,5 fois inférieur le transport par habitant au Monde (242,0 US$), et 9,0 fois inférieur le transport par habitant en Océanie (872,5 US$).

Chapitre VII. Transport

La croissance du transport en Papouasie-Nouvelle-Guinée était de 0.8% dans les années 1980, se classant au 161ème rang mondial. La croissance du transport en Papouasie-Nouvelle-Guinée (0,77%) a été inférieure à celle du monde (3,4%), et inférieure à celle de l'Océanie (4,2%).

Comparaison avec les voisins. Le secteur du transport en Papouasie-Nouvelle-Guinée était supérieur à celui des Salomon (7,4 millions de dollars); mais inférieur à celui de l'Australie (18,0 milliards de dollars) et de l'Indonésie (6,0 milliards de dollars). Le transport par habitant en Papouasie-Nouvelle-Guinée était supérieur à celui de l'Indonésie (36,9 de dollars) et des Salomon (27,9 de dollars); mais inférieur à celui de l'Australie (1 154,4 de dollars). La croissance du transport en Papouasie-Nouvelle-Guinée était inférieure à celle de l'Indonésie (7,6%), de l'Australie (4,4%) et des Salomon (2,1%).

Comparaison avec les leaders. La valeur ajoutée du transport en Papouasie-Nouvelle-Guinée était inférieure à celle des États-Unis (394,9 milliards de dollars), du Japon (147,7 milliards de dollars), de l'Allemagne (56,6 milliards de dollars), de la France (56,2 milliards de dollars) et du Royaume-Uni (53,0 milliards de dollars). Le transport par habitant en Papouasie-Nouvelle-Guinée était inférieur à celui des États-Unis (1 649,2 de dollars), du Japon (1 217,8 de dollars), de la France (993,7 de dollars), du Royaume-Uni (938,7 de dollars) et de l'Allemagne (725,5 de dollars). La croissance du transport en Papouasie-Nouvelle-Guinée était inférieure à celle de la France (5,4%), du Japon (4,7%), des États-Unis (3,6%), du Royaume-Uni (3,0%) et de l'Allemagne (1,8%).

Les années 1990

Le transport de la Papouasie-Nouvelle-Guinée était de 613,2 millions de dollars par an dans les années 1990, se classant au 93ème rang mondial à égalité avec le Paraguay (603,4 millions de dollars). La part dans le monde était de 0,026% et de 1,6% en Océanie.

La part du transport dans l'économie de la Papouasie-Nouvelle-Guinée était de 8,9% dans les années 1990, se situant au 83ème rang mondial, à égalité avec le Pérou (9,0%).

Le transport par habitant en Papouasie-Nouvelle-Guinée était de 119.2 dollars dans les années 1990, se situant au 120ème rang mondial, à égalité avec les Samoa (118,2 de dollars), la Roumanie (120,2 de dollars), l'Ukraine (121,0 de dollars). Le transport par habitant en Papouasie-Nouvelle-Guinée était 3,4 fois inférieur le transport par habitant au Monde (409,5 US$), et 11,2 fois inférieur le transport par habitant en Océanie (1 336,3 US$).

La croissance du transport en Papouasie-Nouvelle-Guinée était de 2.4% dans les années 1990, se classant au 144ème rang mondial, à égalité avec la Côte d'Ivoire (2,4%), la Bulgarie (2,4%), la Polynésie (2,4%). La croissance du transport en Papouasie-Nouvelle-Guinée (2,4%) a été inférieure à celle du monde (4,0%), et inférieure à celle de l'Océanie (4,7%).

Comparaison avec les voisins. Le secteur du transport en Papouasie-Nouvelle-Guinée était supérieur à celui des Salomon (19,4 millions de dollars); mais inférieur à celui de l'Australie (32,1 milliards de dollars) et de l'Indonésie (13,0 milliards de dollars). Le transport par habitant en Papouasie-Nouvelle-Guinée était supérieur à celui de l'Indonésie (66,2 de dollars) et des Salomon (54,7 de dollars); mais inférieur à celui de l'Australie (1 794,6 de dollars). La croissance du transport en Papouasie-Nouvelle-Guinée était inférieure à celle des Salomon (7,8%), de l'Indonésie (4,7%) et de l'Australie (4,6%).

Comparaison avec les leaders. La valeur du transport en Papouasie-Nouvelle-Guinée était inférieure à celle des États-Unis (702,6 milliards de dollars), du Japon (373,9 milliards de dollars), de l'Allemagne (144,3 milliards de dollars), de la France (118,7 milliards de dollars) et du Royaume-Uni (117,6 milliards de dollars). Le transport par habitant en Papouasie-Nouvelle-Guinée était inférieur à celui du Japon (2 965,8 de dollars), des États-Unis (2 656,9 de dollars), du Royaume-Uni (2 031,3 de dollars), de la France (1 999,2 de dollars) et de l'Allemagne (1 789,0 de dollars). La croissance du transport en Papouasie-Nouvelle-Guinée était inférieure à celle des États-Unis (5,0%), de la France (4,8%), du Royaume-Uni (4,7%), de l'Allemagne (3,9%) et du Japon (3,0%).

Les années 2000

La valeur ajoutée du transport en Papouasie-Nouvelle-Guinée était de 292,6 millions de dollars par an dans les années 2000, au 145ème rang mondial à égalité avec le Brunei (290,3 millions de dollars). La part dans le monde était de 0,0072% et de 0,44% en Océanie.

La part du transport dans l'économie de la Papouasie-Nouvelle-Guinée était de 4,1% dans les années 2000, au 199ème rang mondial, à égalité avec le Viêt Nam (4,1%), l'Éthiopie (4,1%).

Le transport par habitant en Papouasie-Nouvelle-Guinée était de 45.3 dollars dans les années 2000, se classant au 177ème rang mondial, à égalité avec le Bangladesh (45,2 de dollars). Le transport par habitant en Papouasie-Nouvelle-Guinée était 13,7 fois inférieur le transport par habitant au Monde (621,1 US$), et 44,3 fois inférieur le transport par habitant en Océanie (2 009,1 US$).

La croissance du transport en Papouasie-Nouvelle-Guinée était de 0.3% dans les années 2000, se situant au 196ème rang mondial. La croissance du transport en Papouasie-Nouvelle-Guinée (0,29%) a été inférieure à celle du monde (3,9%), et inférieure à celle de l'Océanie (3,7%).

Comparaison avec les voisins. Le transport de la Papouasie-Nouvelle-Guinée était supérieur à celui des Salomon (37,5 millions de dollars); mais inférieur à celui de l'Australie (57,5 milliards de dollars) et de l'Indonésie (23,4 milliards de dollars). Le transport par habitant en Papouasie-Nouvelle-Guinée était inférieur à celui de l'Australie (2 851,8 de dollars), de l'Indonésie (103,9 de dollars) et des Salomon (80,9 de dollars). La croissance du transport en Papouasie-Nouvelle-Guinée était inférieure à celle de l'Indonésie (12,3%), de l'Australie (3,9%) et des Salomon (2,5%).

Comparaison avec les leaders. La valeur ajoutée du transport en Papouasie-Nouvelle-Guinée était inférieure à celle des États-Unis (1,2 billions de dollars), du Japon (468,5 milliards de dollars), de l'Allemagne (228,2 milliards de dollars), du Royaume-Uni (215,9 milliards de dollars) et de la France (185,6 milliards de dollars). Le transport par habitant en Papouasie-Nouvelle-Guinée était inférieur à celui des États-Unis (4 029,0 de dollars), du Japon (3 655,1 de dollars), du Royaume-Uni (3 572,9 de dollars), de la France (2 955,1 de dollars) et de l'Allemagne (2 803,7 de dollars). La croissance du transport en Papouasie-Nouvelle-Guinée était inférieure à celle de l'Allemagne (3,4%), du Royaume-Uni (3,1%), des États-Unis (3,1%), de la France (2,7%) et du Japon (1,5%).

Les années 2010

Le transport de la Papouasie-Nouvelle-Guinée était de 871,9 millions de dollars par an dans les années 2010, au 131ème rang mondial à égalité avec la Moldavie (873,7 millions de dollars), le Botswana (893,8 millions de dollars). La part dans le monde était de 0,014% et de 0,72% en Océanie.

La part du transport dans l'économie de la Papouasie-Nouvelle-Guinée était de 4,3% dans les années 2010, se situant au 199ème rang mondial.

Le transport par habitant en Papouasie-Nouvelle-Guinée était de 108.5 dollars dans les années 2010, se classant au 173ème rang mondial, à égalité avec le Cameroun (110,2 de dollars). Le transport par habitant en Papouasie-Nouvelle-Guinée était 8,0 fois inférieur le transport par habitant au Monde (864,8 US$), et 28,3 fois inférieur le transport par habitant en Océanie (3 066,3 US$).

La croissance du transport en Papouasie-Nouvelle-Guinée était de 4.8% dans les années 2010, au 88ème rang mondial, à égalité avec l'Asie de l'Ouest (4,8%). La croissance du transport en Papouasie-Nouvelle-Guinée (4,8%) a été supérieure à celle du monde (4,0%), et supérieure à celle de l'Océanie (2,3%).

Comparaison avec les voisins. La valeur du transport en Papouasie-Nouvelle-Guinée était 13,8 fois supérieure à celle des Salomon (63,1 millions de dollars); mais 119,2 fois inférieure à celle de l'Australie (103,9 milliards de dollars) et 88,9 fois inférieure à celle de l'Indonésie (77,5 milliards de dollars). Le transport par habitant en Papouasie-Nouvelle-Guinée était 2,5% supérieur à celui des Salomon (105,8 de dollars); mais 40,4 fois inférieur à celui de l'Australie (4 379,8 de dollars) et 2,8 fois inférieur à celui de l'Indonésie (302,2 de dollars). La croissance du transport en Papouasie-Nouvelle-Guinée était supérieure à celle de l'Australie (2,1%); mais inférieure à celle de l'Indonésie (9,1%) et des Salomon (5,4%).

Comparaison avec les leaders. La valeur ajoutée du transport en Papouasie-Nouvelle-Guinée était 2 051,1 fois inférieure à celle des États-Unis (1,8 billions de dollars), 607,6 fois inférieure à celle du Japon (529,8 milliards de dollars), 532,4 fois inférieure à celle de la Chine (464,2 milliards de dollars), 344,1 fois inférieure à celle de l'Allemagne (300,0 milliards de dollars) et 295,6 fois inférieure à celle du Royaume-Uni (257,7 milliards de dollars). Le transport par habitant en Papouasie-Nouvelle-Guinée était 51,6 fois inférieur à celui des États-Unis (5 597,8 de dollars), 38,2 fois inférieur à celui du Japon (4 141,7 de dollars), 36,2 fois inférieur à celui du Royaume-Uni (3 929,2 de dollars), 33,8 fois inférieur à celui de l'Allemagne (3 665,2 de dollars) et 3,1 fois inférieur à celui de la Chine (331,0 de dollars). La croissance du transport en Papouasie-Nouvelle-Guinée était supérieure à celle du Royaume-Uni (2,8%), de l'Allemagne (2,7%) et du Japon (0,81%); mais inférieure à celle de la Chine (7,5%) et des États-Unis (5,1%).

Chapitre VIII. Commerce

Commerce de gros et de détail; restaurants et hôtels (ISIC G-H)

La valeur du commerce en Papouasie-Nouvelle-Guinée est passé de 634,4 millions de dollars par an dans les années 1970 à 2,6 milliards de dollars par an dans les années 2010, c'est-à-dire 1,9 milliards de dollars ou de 4,1 fois. La variation a été de 1,4 milliards de dollars en raison de l'augmentation de 2,1 fois des prix, et de -426,7 millions de dollars en raison de la baisse de productivité de 1,4 fois, et de 1,0 milliards de dollars en raison de la croissance démographique. La croissance annuelle moyenne du commerce était de 1,8%. La valeur minimale était de 344,1 millions de dollars en 1970. La valeur maximale était de 2,9 milliards de dollars en 2013.

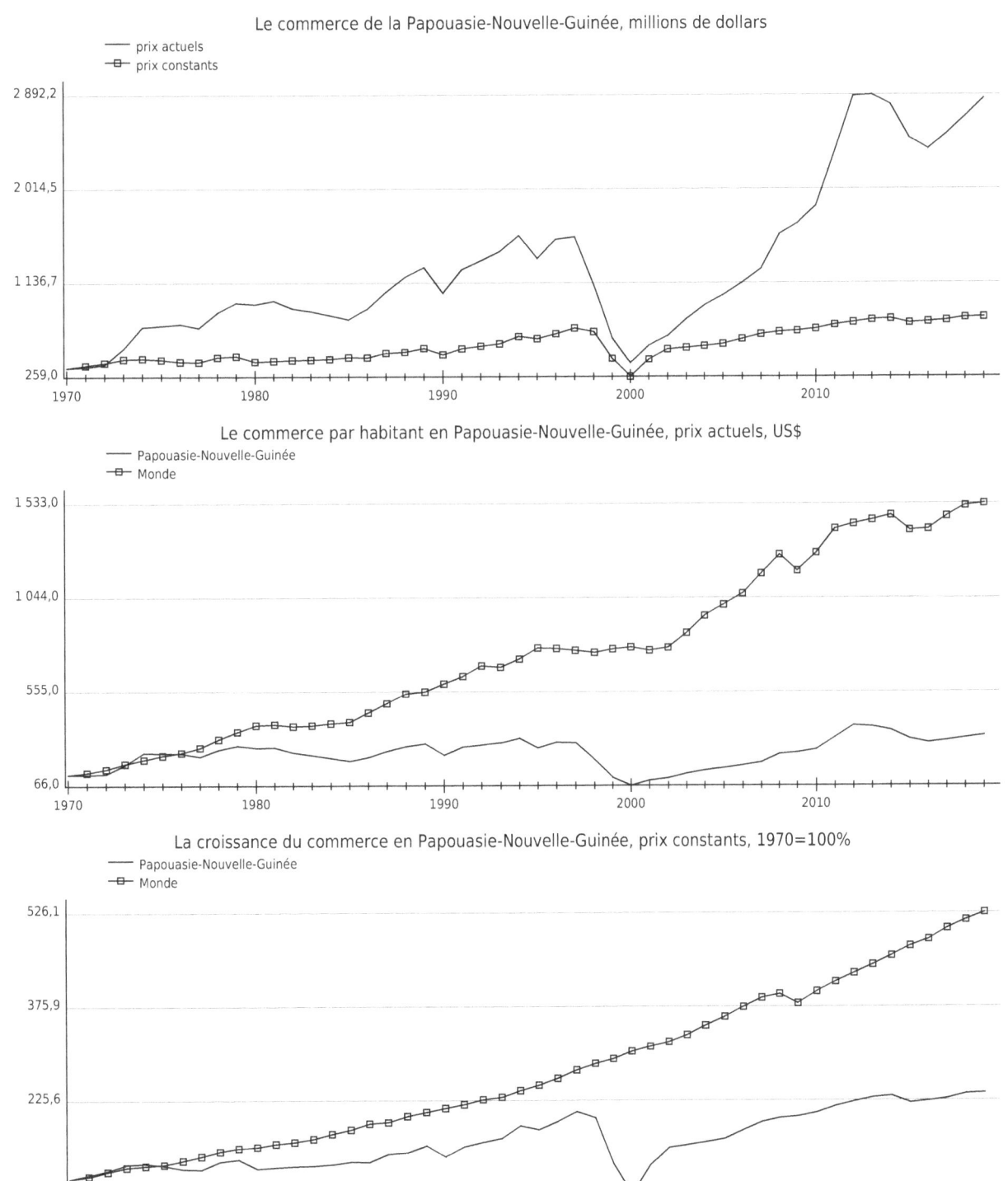

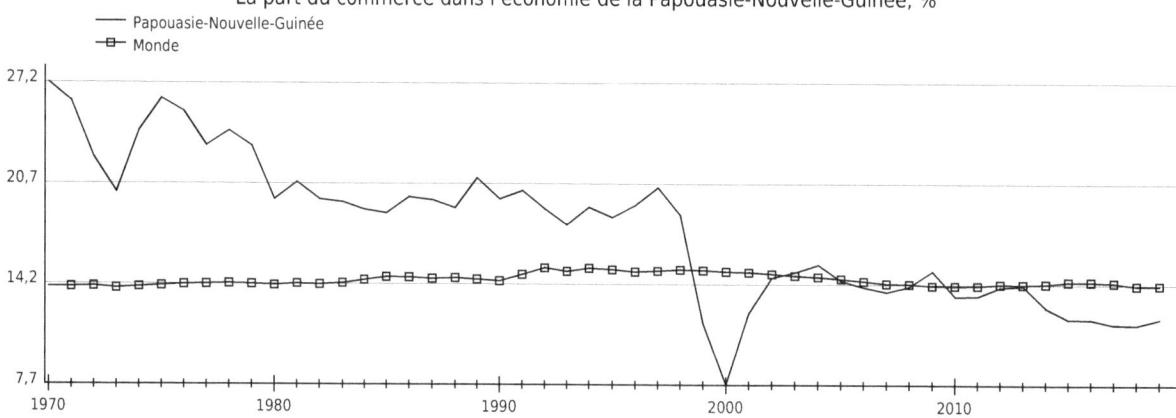

La part du commerce dans l'économie de la Papouasie-Nouvelle-Guinée, %

Les années 1970

Le commerce de la Papouasie-Nouvelle-Guinée était de 634,4 millions de dollars par an dans les années 1970, au 68ème rang mondial à égalité avec la Tanzanie (622,9 millions de dollars), la Jamaïque (650,1 millions de dollars). La part dans le monde était de 0,071% et de 5,0% en Océanie.

La part du commerce dans l'économie de la Papouasie-Nouvelle-Guinée était de 23,9% dans les années 1970, se classant au 29ème rang mondial.

Le commerce par habitant en Papouasie-Nouvelle-Guinée était de 203.8 dollars dans les années 1970, se situant au 69ème rang mondial, à égalité avec les îles Cook (204,0 de dollars), la Mélanésie (206,7 de dollars), les Palaos (200,0 de dollars). Le commerce par habitant en Papouasie-Nouvelle-Guinée était 7,8% inférieur le commerce par habitant au Monde (221,0 US$), et 2,9 fois inférieur le commerce par habitant en Océanie (597,4 US$).

La croissance du commerce en Papouasie-Nouvelle-Guinée était de 3.1% dans les années 1970, se situant au 131ème rang mondial, à égalité avec l'Europe de l'Ouest (3,1%). La croissance du commerce en Papouasie-Nouvelle-Guinée (3,1%) a été inférieure à celle du monde (4,5%), et supérieure à celle de l'Océanie (1,6%).

Comparaison avec les voisins. La valeur ajoutée du commerce en Papouasie-Nouvelle-Guinée était supérieure à celle des Salomon (6,2 millions de dollars); mais inférieure à celle de l'Australie (9,9 milliards de dollars) et de l'Indonésie (6,6 milliards de dollars). Le commerce par habitant en Papouasie-Nouvelle-Guinée était supérieur à celui de l'Indonésie (50,5 de dollars) et des Salomon (32,3 de dollars); mais inférieur à celui de l'Australie (726,3 de dollars). La croissance du commerce en Papouasie-Nouvelle-Guinée était supérieure à celle de l'Australie (1,9%); mais inférieure à celle des Salomon (9,2%) et de l'Indonésie (7,9%).

Comparaison avec les leaders. La valeur du commerce en Papouasie-Nouvelle-Guinée était inférieure à celle des États-Unis (278,3 milliards de dollars), du Japon (90,3 milliards de dollars), de l'URSS (62,3 milliards de dollars), de l'Allemagne (61,1 milliards de dollars) et de la France (40,9 milliards de dollars). Le commerce par habitant en Papouasie-Nouvelle-Guinée était inférieur à celui des États-Unis (1 275,1 de dollars), du Japon (811,1 de dollars), de l'Allemagne (775,5 de dollars), de la France (762,4 de dollars) et de l'URSS (247,1 de dollars). La croissance du commerce en Papouasie-Nouvelle-Guinée était supérieure à celle de l'Allemagne (3,0%); mais inférieure à celle du Japon (8,2%), de l'URSS (5,2%), de la France (3,9%) et des États-Unis (3,9%).

Les années 1980

La valeur du commerce en Papouasie-Nouvelle-Guinée était de 971,9 millions de dollars par an dans les années 1980, se classant au 78ème rang mondial. La part dans le monde était de 0,046% et de 3,3% en Océanie.

La part du commerce dans l'économie de la Papouasie-Nouvelle-Guinée était de 19,7% dans les années 1980, au 43ème rang mondial, à égalité avec le Costa Rica (19,6%).

Le commerce par habitant en Papouasie-Nouvelle-Guinée était de 241.1 dollars dans les années 1980, se classant au 90ème rang mondial, à égalité avec le Chili (243,1 de dollars), le Paraguay (243,4 de dollars), le Pérou (245,8 de dollars). Le commerce par habitant en Papouasie-Nouvelle-Guinée était 44,9% inférieur le commerce par habitant au Monde (437,7 US$), et 5,0 fois inférieur le commerce par habitant en Océanie (1 193,9 US$).

La croissance du commerce en Papouasie-Nouvelle-Guinée était de 1.5% dans les années 1980, se situant au 133ème rang mondial. La

Chapitre VIII. Commerce

croissance du commerce en Papouasie-Nouvelle-Guinée (1,5%) a été inférieure à celle du monde (3,3%), et inférieure à celle de l'Océanie (2,5%).

Comparaison avec les voisins. Le commerce de la Papouasie-Nouvelle-Guinée était supérieur à celui des Salomon (14,7 millions de dollars); mais inférieur à celui de l'Australie (23,9 milliards de dollars) et de l'Indonésie (19,7 milliards de dollars). Le commerce par habitant en Papouasie-Nouvelle-Guinée était supérieur à celui de l'Indonésie (120,4 de dollars) et des Salomon (55,1 de dollars); mais inférieur à celui de l'Australie (1 531,2 de dollars). La croissance du commerce en Papouasie-Nouvelle-Guinée était supérieure à celle des Salomon (1,3%); mais inférieure à celle de l'Indonésie (6,8%) et de l'Australie (2,7%).

Comparaison avec les leaders. Le secteur du commerce en Papouasie-Nouvelle-Guinée était inférieur à celui des États-Unis (653,3 milliards de dollars), du Japon (277,3 milliards de dollars), de l'Allemagne (116,7 milliards de dollars), de l'URSS (112,3 milliards de dollars) et de l'Italie (95,7 milliards de dollars). Le commerce par habitant en Papouasie-Nouvelle-Guinée était inférieur à celui des États-Unis (2 728,2 de dollars), du Japon (2 286,5 de dollars), de l'Italie (1 684,2 de dollars), de l'Allemagne (1 496,0 de dollars) et de l'URSS (408,1 de dollars). La croissance du commerce en Papouasie-Nouvelle-Guinée était supérieure à celle de l'URSS (-0,62%); mais inférieure à celle du Japon (4,9%), des États-Unis (4,4%), de l'Italie (2,3%) et de l'Allemagne (1,8%).

Les années 1990

La valeur du commerce en Papouasie-Nouvelle-Guinée était de 1,3 milliards de dollars par an dans les années 1990, au 92ème rang mondial. La part dans le monde était de 0,031% et de 2,3% en Océanie.

La part du commerce dans l'économie de la Papouasie-Nouvelle-Guinée était de 18,6% dans les années 1990, se situant au 57ème rang mondial, à égalité avec Saint-Marin (18,6%), les Caraïbes (18,7%), le Népal (18,7%).

Le commerce par habitant en Papouasie-Nouvelle-Guinée était de 249.8 dollars dans les années 1990, se classant au 112ème rang mondial, à égalité avec le Salvador (247,6 de dollars), Micronésie (247,4 de dollars). Le commerce par habitant en Papouasie-Nouvelle-Guinée était 2,9 fois inférieur le commerce par habitant au Monde (721,8 US$), et 7,7 fois inférieur le commerce par habitant en Océanie (1 916,7 US$).

La croissance du commerce en Papouasie-Nouvelle-Guinée était de -2.1% dans les années 1990, au 181ème rang mondial. La croissance du commerce en Papouasie-Nouvelle-Guinée (-2,1%) a été inférieure à celle du monde (3,5%), et inférieure à celle de l'Océanie (3,3%).

Comparaison avec les voisins. Le secteur du commerce en Papouasie-Nouvelle-Guinée était supérieur à celui des Salomon (27,7 millions de dollars); mais inférieur à celui de l'Australie (46,0 milliards de dollars) et de l'Indonésie (37,7 milliards de dollars). Le commerce par habitant en Papouasie-Nouvelle-Guinée était supérieur à celui de l'Indonésie (192,5 de dollars) et des Salomon (78,0 de dollars); mais inférieur à celui de l'Australie (2 573,7 de dollars). La croissance du commerce en Papouasie-Nouvelle-Guinée était inférieure à celle de l'Indonésie (4,8%), de l'Australie (3,7%) et des Salomon (3,6%).

Comparaison avec les leaders. La valeur du commerce en Papouasie-Nouvelle-Guinée était inférieure à celle des États-Unis (1,2 billions de dollars), du Japon (713,2 milliards de dollars), de l'Allemagne (243,7 milliards de dollars), de l'Italie (185,6 milliards de dollars) et de la France (177,0 milliards de dollars). Le commerce par habitant en Papouasie-Nouvelle-Guinée était inférieur à celui du Japon (5 656,5 de dollars), des États-Unis (4 395,6 de dollars), de l'Italie (3 255,0 de dollars), de l'Allemagne (3 021,8 de dollars) et de la France (2 980,3 de dollars). La croissance du commerce en Papouasie-Nouvelle-Guinée était inférieure à celle des États-Unis (4,3%), du Japon (3,8%), de l'Allemagne (2,5%), de la France (2,4%) et de l'Italie (1,9%).

Les années 2000

Le secteur du commerce en Papouasie-Nouvelle-Guinée était de 1,0 milliards de dollars par an dans les années 2000, se situant au 124ème rang mondial à égalité avec Macao (1,0 milliards de dollars), le Mozambique (981,4 millions de dollars). La part dans le monde était de 0,016% et de 1,0% en Océanie.

La part du commerce dans l'économie de la Papouasie-Nouvelle-Guinée était de 13,9% dans les années 2000, se situant au 130ème rang mondial, à égalité avec le Burkina Faso (13,9%), le Danemark (13,8%), la Mélanésie (13,8%).

Le commerce par habitant en Papouasie-Nouvelle-Guinée était de 154.9 dollars dans les années 2000, se situant au 156ème rang mondial, à égalité avec l'Azerbaïdjan (152,3 de dollars). Le commerce par habitant en Papouasie-Nouvelle-Guinée était 6,4 fois inférieur le commerce par habitant au Monde (990,3 US$), et 18,9 fois inférieur le commerce par habitant en Océanie (2 922,7 US$).

La croissance du commerce en Papouasie-Nouvelle-Guinée était de 4.9% dans les années 2000, se classant au 82ème rang mondial, à égalité avec le Sri Lanka (4,8%), le Tchad (4,8%), le Cameroun (4,9%). La croissance du commerce en Papouasie-Nouvelle-Guinée (4,9%) a été supérieure à celle du monde (2,7%), et supérieure à celle de l'Océanie (3,0%).

Comparaison avec les voisins. La valeur du commerce en Papouasie-Nouvelle-Guinée était supérieure à celle des Salomon (63,7 millions de dollars); mais inférieure à celle de l'Australie (82,6 milliards de dollars) et de l'Indonésie (60,4 milliards de dollars). Le commerce par habitant en Papouasie-Nouvelle-Guinée était supérieur à celui des Salomon (137,3 de dollars); mais inférieur à celui de l'Australie (4 091,9 de dollars) et de l'Indonésie (268,5 de dollars). La croissance du commerce en Papouasie-Nouvelle-Guinée était supérieure à celle des Salomon (4,4%) et de l'Australie (3,1%); mais inférieure à celle de l'Indonésie (5,7%).

Comparaison avec les leaders. La valeur ajoutée du commerce en Papouasie-Nouvelle-Guinée était inférieure à celle des États-Unis (1,9 billions de dollars), du Japon (771,8 milliards de dollars), de l'Allemagne (296,0 milliards de dollars), du Royaume-Uni (293,5 milliards de dollars) et de la Chine (262,0 milliards de dollars). Le commerce par habitant en Papouasie-Nouvelle-Guinée était inférieur à celui des États-Unis (6 383,1 de dollars), du Japon (6 021,3 de dollars), du Royaume-Uni (4 856,7 de dollars), de l'Allemagne (3 637,0 de dollars) et de la Chine (197,5 de dollars). La croissance du commerce en Papouasie-Nouvelle-Guinée était supérieure à celle de l'Allemagne (1,7%), du Royaume-Uni (1,3%), des États-Unis (1,1%) et du Japon (-0,77%); mais inférieure à celle de la Chine (11,9%).

Les années 2010

La valeur ajoutée du commerce en Papouasie-Nouvelle-Guinée était de 2,6 milliards de dollars par an dans les années 2010, se situant au 115ème rang mondial à égalité avec la Géorgie (2,6 milliards de dollars), le Cambodge (2,5 milliards de dollars). La part dans le monde était de 0,024% et de 1,4% en Océanie.

La part du commerce dans l'économie de la Papouasie-Nouvelle-Guinée était de 12,6% dans les années 2010, se classant au 152ème rang mondial, à égalité avec le Luxembourg (12,6%), l'Asie du Sud (12,6%), l'Iran (12,7%).

Le commerce par habitant en Papouasie-Nouvelle-Guinée était de 320.4 dollars dans les années 2010, se situant au 154ème rang mondial, à égalité avec la Libye (319,4 de dollars), le Soudan (322,5 de dollars), le Maroc (326,1 de dollars). Le commerce par habitant en Papouasie-Nouvelle-Guinée était 4,5 fois inférieur le commerce par habitant au Monde (1 436,8 US$), et 14,2 fois inférieur le commerce par habitant en Océanie (4 550,6 US$).

La croissance du commerce en Papouasie-Nouvelle-Guinée était de 1.7% dans les années 2010, au 157ème rang mondial, à égalité avec les Palaos (1,7%). La croissance du commerce en Papouasie-Nouvelle-Guinée (1,7%) a été inférieure à celle du monde (3,3%), et inférieure à celle de l'Océanie (2,0%).

Comparaison avec les voisins. La valeur du commerce en Papouasie-Nouvelle-Guinée était 10,8 fois supérieure à celle des Salomon (237,4 millions de dollars); mais 58,8 fois inférieure à celle de l'Australie (151,4 milliards de dollars) et 58,5 fois inférieure à celle de l'Indonésie (150,7 milliards de dollars). Le commerce par habitant en Papouasie-Nouvelle-Guinée était 19,9 fois inférieur à celui de l'Australie (6 377,5 de dollars), 45,5% inférieur à celui de l'Indonésie (587,3 de dollars) et 19,5% inférieur à celui des Salomon (397,9 de dollars). La croissance du commerce en Papouasie-Nouvelle-Guinée était inférieure à celle des Salomon (6,6%), de l'Indonésie (5,5%) et de l'Australie (1,8%).

Comparaison avec les leaders. La valeur du commerce en Papouasie-Nouvelle-Guinée était 1 016,1 fois inférieure à celle des États-Unis (2,6 billions de dollars), 464,0 fois inférieure à celle de la Chine (1,2 billions de dollars), 337,8 fois inférieure à celle du Japon (869,5 milliards de dollars), 144,8 fois inférieure à celle de l'Allemagne (372,6 milliards de dollars) et 128,2 fois inférieure à celle du Royaume-Uni (330,0 milliards de dollars). Le commerce par habitant en Papouasie-Nouvelle-Guinée était 25,6 fois inférieur à celui des États-Unis (8 186,4 de dollars), 21,2 fois inférieur à celui du Japon (6 797,1 de dollars), 15,7 fois inférieur à celui du Royaume-Uni (5 030,4 de dollars), 14,2 fois inférieur à celui de l'Allemagne (4 551,8 de dollars) et 2,7 fois inférieur à celui de la Chine (851,7 de dollars). La croissance du commerce en Papouasie-Nouvelle-Guinée était supérieure à celle du Japon (0,77%); mais inférieure à celle de la Chine (8,9%), du Royaume-Uni (2,8%), des États-Unis (2,3%) et de l'Allemagne (2,0%).

Chapitre IX. Services

(ISIC J-P)

La valeur ajoutée des services en Papouasie-Nouvelle-Guinée est passé de 763,7 millions de dollars par an dans les années 1970 à 6,1 milliards de dollars par an dans les années 2010, c'est-à-dire 5,3 milliards de dollars ou de 7,9 fois. La variation a été de 4,1 milliards de dollars en raison de l'augmentation de 3,2 fois des prix, et de -60,2 millions de dollars en raison de la baisse de productivité de 1,0 fois, et de 1,2 milliards de dollars en raison de la croissance démographique. La croissance annuelle moyenne des services était de 2,5%. La valeur minimale était de 343,6 millions de dollars en 1970. La valeur maximale était de 6,9 milliards de dollars en 2019.

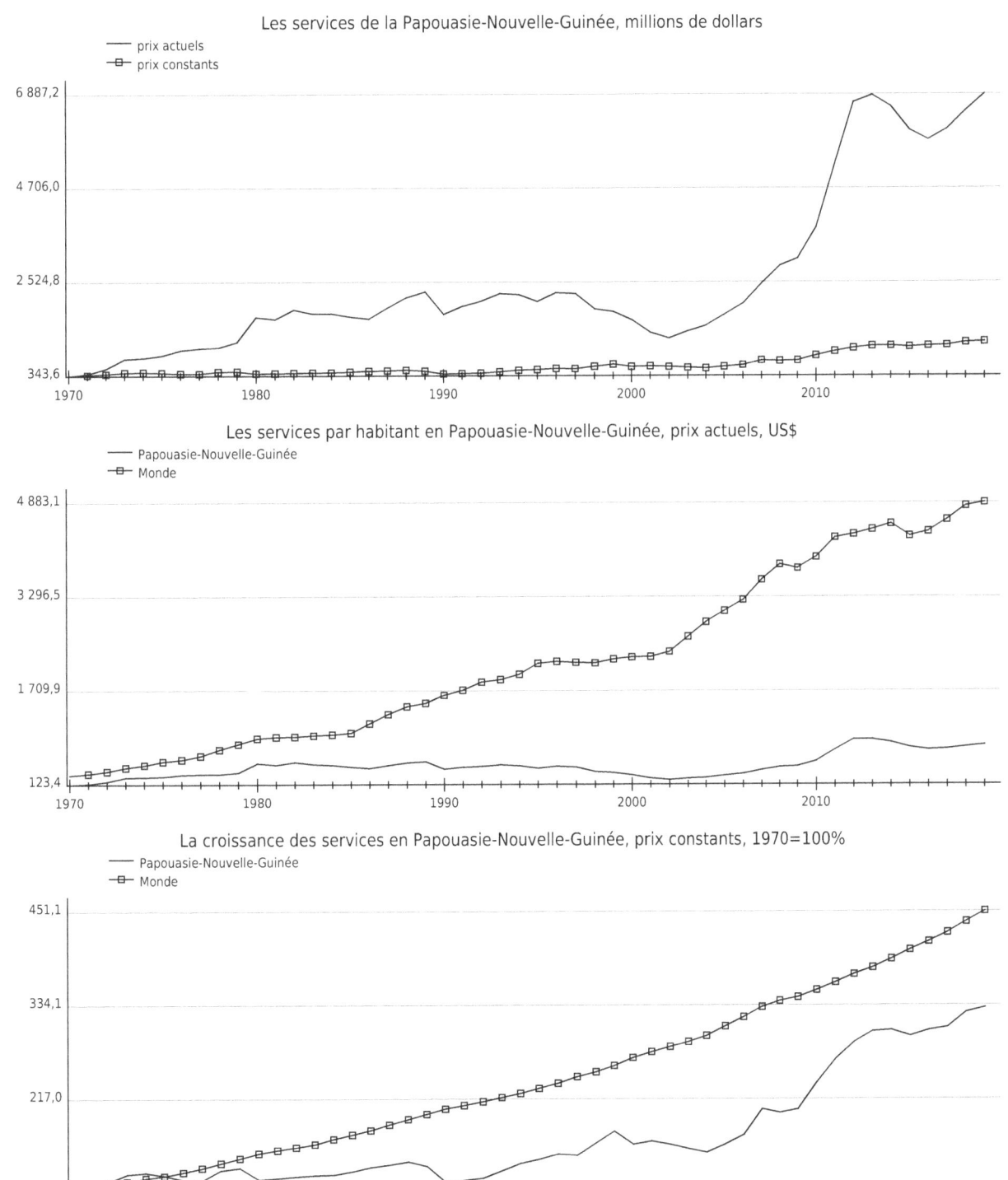

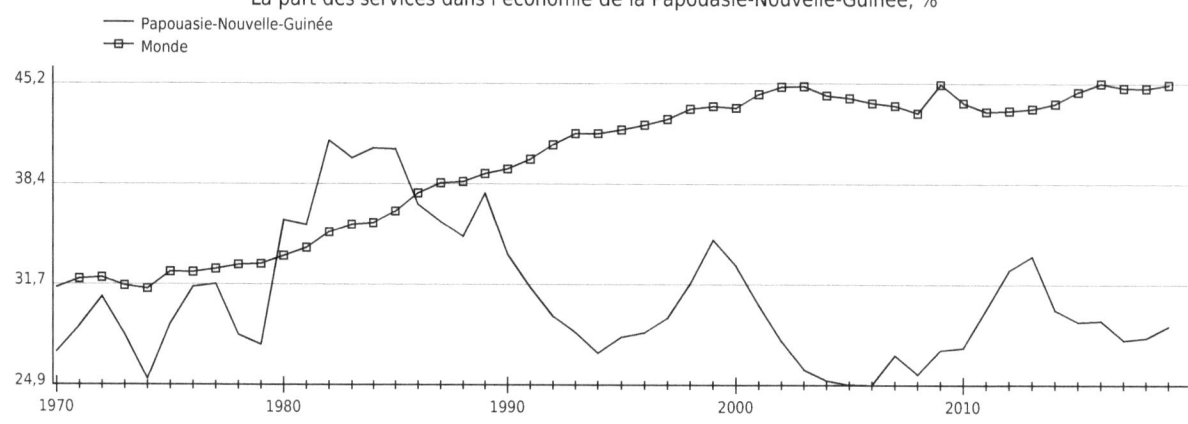

La part des services dans l'économie de la Papouasie-Nouvelle-Guinée, %

Les années 1970

La valeur des services en Papouasie-Nouvelle-Guinée était de 763,7 millions de dollars par an dans les années 1970, se situant au 80ème rang mondial à égalité avec la République dominicaine (759,3 millions de dollars), la Côte d'Ivoire (746,0 millions de dollars). La part dans le monde était de 0,037% et de 1,9% en Océanie.

La part des services dans l'économie de la Papouasie-Nouvelle-Guinée était de 28,8% dans les années 1970, se classant au 84ème rang mondial, à égalité avec l'Afrique du Sud (28,8%), l'Autriche (28,8%), l'Afrique australe (28,9%).

Les services par habitant en Papouasie-Nouvelle-Guinée étaient de 245.4 dollars dans les années 1970, au 95ème rang mondial, à égalité avec la Hongrie (246,2 de dollars), la Tunisie (241,9 de dollars). Les services par habitant en Papouasie-Nouvelle-Guinée étaient 2,1 fois inférieures les services par habitant au Monde (506,9 US$), et 7,5 fois inférieures les services par habitant en Océanie (1 847,3 US$).

La croissance des services en Papouasie-Nouvelle-Guinée était de 3.1% dans les années 1970, au 144ème rang mondial, à égalité avec l'Europe du Nord (3,1%). La croissance des services en Papouasie-Nouvelle-Guinée (3,1%) a été inférieure à celle du monde (4,1%), et inférieure à celle de l'Océanie (4,0%).

Comparaison avec les voisins. Le secteur des services en Papouasie-Nouvelle-Guinée était supérieur à celui des Salomon (14,8 millions de dollars); mais inférieur à celui de l'Australie (33,7 milliards de dollars) et de l'Indonésie (4,7 milliards de dollars). Les services par habitant en Papouasie-Nouvelle-Guinée étaient supérieures à celles des Salomon (77,9 de dollars) et de l'Indonésie (36,1 de dollars); mais inférieures à celles de l'Australie (2 468,6 de dollars). La croissance des services en Papouasie-Nouvelle-Guinée était inférieure à celle des Salomon (9,1%), de l'Indonésie (8,3%) et de l'Australie (4,0%).

Comparaison avec les leaders. Les services de la Papouasie-Nouvelle-Guinée étaient inférieures à celles des États-Unis (674,4 milliards de dollars), de l'URSS (168,3 milliards de dollars), du Japon (153,8 milliards de dollars), de l'Allemagne (150,2 milliards de dollars) et de la France (121,8 milliards de dollars). Les services par habitant en Papouasie-Nouvelle-Guinée étaient inférieures à celles des États-Unis (3 090,2 de dollars), de la France (2 271,8 de dollars), de l'Allemagne (1 907,6 de dollars), du Japon (1 381,3 de dollars) et de l'URSS (667,3 de dollars). La croissance des services en Papouasie-Nouvelle-Guinée était supérieure à celle de l'URSS (0,90%); mais inférieure à celle du Japon (5,9%), de l'Allemagne (4,8%), de la France (3,9%) et des États-Unis (3,3%).

Les années 1980

La valeur ajoutée des services en Papouasie-Nouvelle-Guinée était de 1,9 milliards de dollars par an dans les années 1980, se situant au 83ème rang mondial à égalité avec le Paraguay (1,9 milliards de dollars), Trinité-et-Tobago (1,9 milliards de dollars). La part dans le monde était de 0,035% et de 1,9% en Océanie.

La part des services dans l'économie de la Papouasie-Nouvelle-Guinée était de 37,8% dans les années 1980, se situant au 46ème rang mondial, à égalité avec Monaco (37,8%), la Palestine (37,9%), Saint-Marin (37,7%).

Les services par habitant en Papouasie-Nouvelle-Guinée étaient de 461.8 dollars dans les années 1980, se situant au 94ème rang mondial, à égalité avec la Malaisie (464,2 de dollars), le Nigeria (458,4 de dollars), Saint-Vincent-et-les-Grenadines (469,0 de dollars). Les services par habitant en Papouasie-Nouvelle-Guinée étaient 2,4 fois inférieures les services par habitant au Monde (1 115,5 US$), et 8,5 fois inférieures les services par habitant en Océanie (3 935,7 US$).

Chapitre IX. Services

La croissance des services en Papouasie-Nouvelle-Guinée était de 0.1% dans les années 1980, au 169ème rang mondial. La croissance des services en Papouasie-Nouvelle-Guinée (0,13%) a été inférieure à celle du monde (3,3%), et inférieure à celle de l'Océanie (4,0%).

Comparaison avec les voisins. Le secteur des services en Papouasie-Nouvelle-Guinée était supérieur à celui des Salomon (35,8 millions de dollars); mais inférieur à celui de l'Australie (82,6 milliards de dollars) et de l'Indonésie (17,9 milliards de dollars). Les services par habitant en Papouasie-Nouvelle-Guinée étaient supérieures à celles des Salomon (134,3 de dollars) et de l'Indonésie (109,3 de dollars); mais inférieures à celles de l'Australie (5 300,4 de dollars). La croissance des services en Papouasie-Nouvelle-Guinée était inférieure à celle de l'Indonésie (7,4%), de l'Australie (4,3%) et des Salomon (3,7%).

Comparaison avec les leaders. Le secteur des services en Papouasie-Nouvelle-Guinée était inférieur à celui des États-Unis (1,9 billions de dollars), du Japon (619,9 milliards de dollars), de l'Allemagne (362,2 milliards de dollars), de la France (294,5 milliards de dollars) et du Royaume-Uni (265,4 milliards de dollars). Les services par habitant en Papouasie-Nouvelle-Guinée étaient inférieures à celles des États-Unis (7 844,6 de dollars), de la France (5 211,0 de dollars), du Japon (5 111,4 de dollars), du Royaume-Uni (4 700,6 de dollars) et de l'Allemagne (4 642,6 de dollars). La croissance des services en Papouasie-Nouvelle-Guinée était inférieure à celle du Japon (4,8%), du Royaume-Uni (3,3%), de l'Allemagne (3,1%), des États-Unis (2,8%) et de la France (2,3%).

Les années 1990

Le secteur des services en Papouasie-Nouvelle-Guinée était de 2,1 milliards de dollars par an dans les années 1990, se situant au 98ème rang mondial à égalité avec la Polynésie française (2,1 milliards de dollars), le Ghana (2,0 milliards de dollars). La part dans le monde était de 0,018% et de 1,1% en Océanie.

La part des services dans l'économie de la Papouasie-Nouvelle-Guinée était de 29,9% dans les années 1990, au 114ème rang mondial, à égalité avec la Jamaïque (29,9%), les Comores (29,9%), la République dominicaine (29,8%).

Les services par habitant en Papouasie-Nouvelle-Guinée étaient de 400.6 dollars dans les années 1990, se situant au 123ème rang mondial, à égalité avec le Guatemala (405,1 de dollars). Les services par habitant en Papouasie-Nouvelle-Guinée étaient 5,0 fois inférieures les services par habitant au Monde (2 014,6 US$), et 16,0 fois inférieures les services par habitant en Océanie (6 423,5 US$).

La croissance des services en Papouasie-Nouvelle-Guinée était de 2.9% dans les années 1990, se classant au 104ème rang mondial, à égalité avec le Pérou (2,8%). La croissance des services en Papouasie-Nouvelle-Guinée (2,9%) a été supérieure à celle du monde (2,7%), et inférieure à celle de l'Océanie (3,6%).

Comparaison avec les voisins. La valeur ajoutée des services en Papouasie-Nouvelle-Guinée était supérieure à celle des Salomon (85,3 millions de dollars); mais inférieure à celle de l'Australie (156,7 milliards de dollars) et de l'Indonésie (36,6 milliards de dollars). Les services par habitant en Papouasie-Nouvelle-Guinée étaient supérieures à celles des Salomon (240,1 de dollars) et de l'Indonésie (186,8 de dollars); mais inférieures à celles de l'Australie (8 760,8 de dollars). La croissance des services en Papouasie-Nouvelle-Guinée était inférieure à celle de l'Australie (3,8%), des Salomon (3,5%) et de l'Indonésie (3,2%).

Comparaison avec les leaders. La valeur ajoutée des services en Papouasie-Nouvelle-Guinée était inférieure à celle des États-Unis (3,8 billions de dollars), du Japon (1,6 billions de dollars), de l'Allemagne (908,0 milliards de dollars), de la France (628,2 milliards de dollars) et du Royaume-Uni (592,3 milliards de dollars). Les services par habitant en Papouasie-Nouvelle-Guinée étaient inférieures à celles des États-Unis (14 354,4 de dollars), du Japon (12 820,4 de dollars), de l'Allemagne (11 259,5 de dollars), de la France (10 578,2 de dollars) et du Royaume-Uni (10 233,8 de dollars). La croissance des services en Papouasie-Nouvelle-Guinée était supérieure à celle des États-Unis (2,3%), du Japon (1,7%) et de la France (1,6%); mais inférieure à celle de l'Allemagne (3,2%) et du Royaume-Uni (3,0%).

Les années 2000

Le secteur des services en Papouasie-Nouvelle-Guinée était de 1,9 milliards de dollars par an dans les années 2000, se situant au 129ème rang mondial à égalité avec le Mozambique (1,9 milliards de dollars), le Népal (1,9 milliards de dollars). La part dans le monde était de 0,0099% et de 0,52% en Océanie.

La part des services dans l'économie de la Papouasie-Nouvelle-Guinée était de 26,8% dans les années 2000, se situant au 143ème rang mondial, à égalité avec l'Afrique (27,0%).

Les services par habitant en Papouasie-Nouvelle-Guinée étaient de 299.2 dollars dans les années 2000, au 154ème rang mondial, à égalité avec le Nigeria (300,3 de dollars), le Sénégal (301,0 de dollars), la république du Congo (305,1 de dollars). Les services par habitant en Papouasie-Nouvelle-Guinée étaient 10,1 fois inférieures les services par habitant au Monde (3 011,2 US$), et 37,2 fois inférieures les services par habitant en Océanie (11 122,0 US$).

La croissance des services en Papouasie-Nouvelle-Guinée était de 1.5% dans les années 2000, se situant au 185ème rang mondial, à égalité avec le Danemark (1,5%). La croissance des services en Papouasie-Nouvelle-Guinée (1,5%) a été inférieure à celle du monde (2,9%), et inférieure à celle de l'Océanie (3,2%).

Comparaison avec les voisins. Les services de la Papouasie-Nouvelle-Guinée étaient supérieures à celles des Salomon (152,9 millions de dollars); mais inférieures à celles de l'Australie (317,8 milliards de dollars) et de l'Indonésie (59,1 milliards de dollars). Les services par habitant en Papouasie-Nouvelle-Guinée étaient supérieures à celles de l'Indonésie (262,7 de dollars); mais inférieures à celles de l'Australie (15 748,1 de dollars) et des Salomon (329,6 de dollars). La croissance des services en Papouasie-Nouvelle-Guinée était inférieure à celle de l'Indonésie (5,7%), de l'Australie (3,2%) et des Salomon (2,0%).

Comparaison avec les leaders. Le secteur des services en Papouasie-Nouvelle-Guinée était inférieur à celui des États-Unis (6,7 billions de dollars), du Japon (2,0 billions de dollars), de l'Allemagne (1,2 billions de dollars), du Royaume-Uni (1,1 billions de dollars) et de la France (997,0 milliards de dollars). Les services par habitant en Papouasie-Nouvelle-Guinée étaient inférieures à celles des États-Unis (22 883,5 de dollars), du Royaume-Uni (18 012,4 de dollars), de la France (15 875,1 de dollars), du Japon (15 302,2 de dollars) et de l'Allemagne (14 979,9 de dollars). La croissance des services en Papouasie-Nouvelle-Guinée était supérieure à celle du Japon (1,2%) et de l'Allemagne (0,57%); mais inférieure à celle du Royaume-Uni (2,7%), des États-Unis (2,0%) et de la France (1,5%).

Les années 2010

La valeur ajoutée des services en Papouasie-Nouvelle-Guinée était de 6,1 milliards de dollars par an dans les années 2010, au 107ème rang mondial à égalité avec Trinité-et-Tobago (5,9 milliards de dollars). La part dans le monde était de 0,018% et de 0,76% en Océanie.

La part des services dans l'économie de la Papouasie-Nouvelle-Guinée était de 29,7% dans les années 2010, au 141ème rang mondial, à égalité avec les Samoa (29,6%), l'Iran (29,5%), le Burkina Faso (29,9%).

Les services par habitant en Papouasie-Nouvelle-Guinée étaient de 753.7 dollars dans les années 2010, se situant au 150ème rang mondial, à égalité avec les Kiribati (766,3 de dollars). Les services par habitant en Papouasie-Nouvelle-Guinée étaient 5,9 fois inférieures les services par habitant au Monde (4 467,8 US$), et 26,8 fois inférieures les services par habitant en Océanie (20 232,3 US$).

La croissance des services en Papouasie-Nouvelle-Guinée était de 5% dans les années 2010, au 58ème rang mondial, à égalité avec la République dominicaine (5,0%), Macao (5,0%). La croissance des services en Papouasie-Nouvelle-Guinée (5,0%) a été supérieure à celle du monde (2,7%), et supérieure à celle de l'Océanie (2,9%).

Comparaison avec les voisins. La valeur des services en Papouasie-Nouvelle-Guinée était 17,3 fois supérieure à celle des Salomon (349,2 millions de dollars); mais 114,0 fois inférieure à celle de l'Australie (690,2 milliards de dollars) et 27,9 fois inférieure à celle de l'Indonésie (168,8 milliards de dollars). Les services par habitant en Papouasie-Nouvelle-Guinée étaient 14,5% supérieures à celles de l'Indonésie (658,0 de dollars) et 28,7% supérieures à celles des Salomon (585,5 de dollars); mais 38,6 fois inférieures à celles de l'Australie (29 083,3 de dollars). La croissance des services en Papouasie-Nouvelle-Guinée était supérieure à celle de l'Australie (2,9%); mais inférieure à celle des Salomon (6,4%) et de l'Indonésie (6,2%).

Comparaison avec les leaders. Le secteur des services en Papouasie-Nouvelle-Guinée était 1 643,9 fois inférieur à celui des États-Unis (10,0 billions de dollars), 585,7 fois inférieur à celui de la Chine (3,5 billions de dollars), 375,4 fois inférieur à celui du Japon (2,3 billions de dollars), 265,4 fois inférieur à celui de l'Allemagne (1,6 billions de dollars) et 223,8 fois inférieur à celui du Royaume-Uni (1,4 billions de dollars). Les services par habitant en Papouasie-Nouvelle-Guinée étaient 41,3 fois inférieures à celles des États-Unis (31 159,6 de dollars), 27,4 fois inférieures à celles du Royaume-Uni (20 663,8 de dollars), 26,1 fois inférieures à celles de l'Allemagne (19 637,7 de dollars), 23,6 fois inférieures à celles du Japon (17 771,8 de dollars) et 3,4 fois inférieures à celles de la Chine (2 529,2 de dollars). La croissance des services en Papouasie-Nouvelle-Guinée était supérieure à celle des États-Unis (1,8%), du Royaume-Uni (1,7%), de l'Allemagne (1,2%) et du Japon (0,99%); mais inférieure à celle de la Chine (8,4%).

Partie III. Relations extérieures

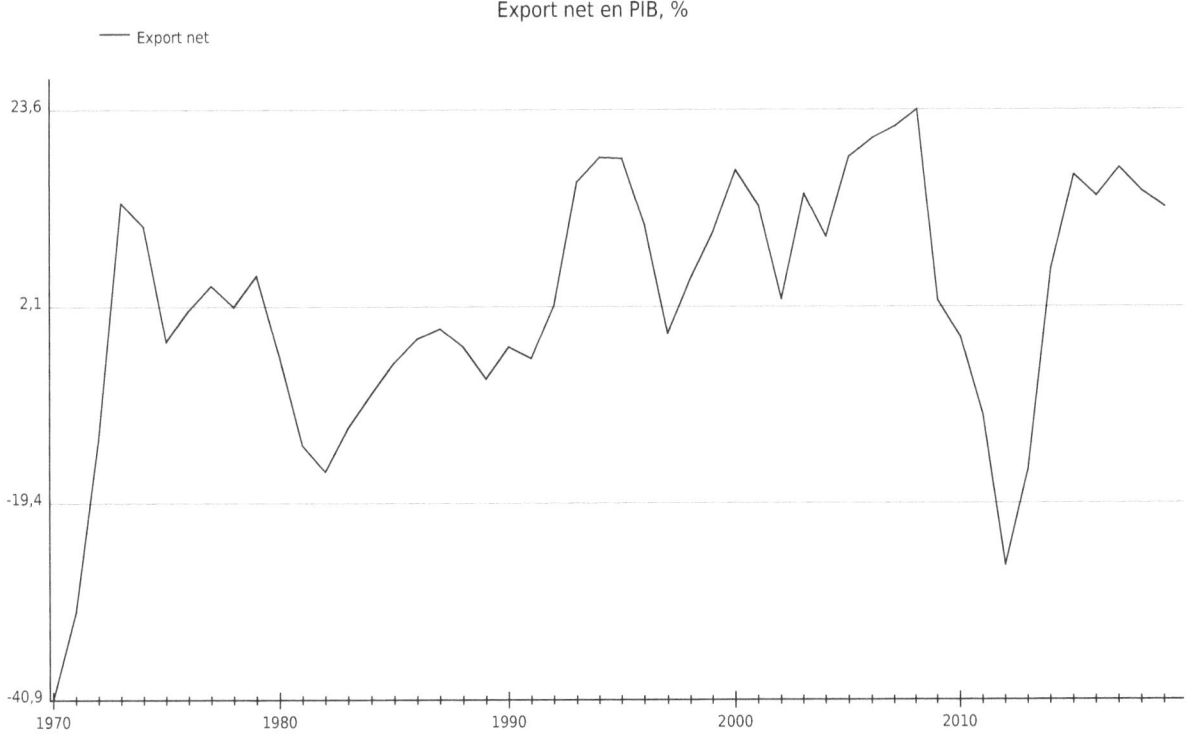

Chapitre X. Exportations

La valeur des exportations en Papouasie-Nouvelle-Guinée est passé de 929,0 millions de dollars par an dans les années 1970 à 11,2 milliards de dollars par an dans les années 2010, c'est-à-dire 10,3 milliards de dollars ou de 12,1 fois. La variation a été de 7,5 milliards de dollars en raison de l'augmentation de 3,0 fois des prix, et de 1,3 milliards de dollars en raison de la croissance du taux par habitant de 1,6 fois, et de 1,5 milliards de dollars en raison de la croissance démographique. La croissance annuelle moyenne des exportations était de 5,0%. La valeur minimale était de 173,8 millions de dollars en 1970. La valeur maximale était de 13,4 milliards de dollars en 2018.

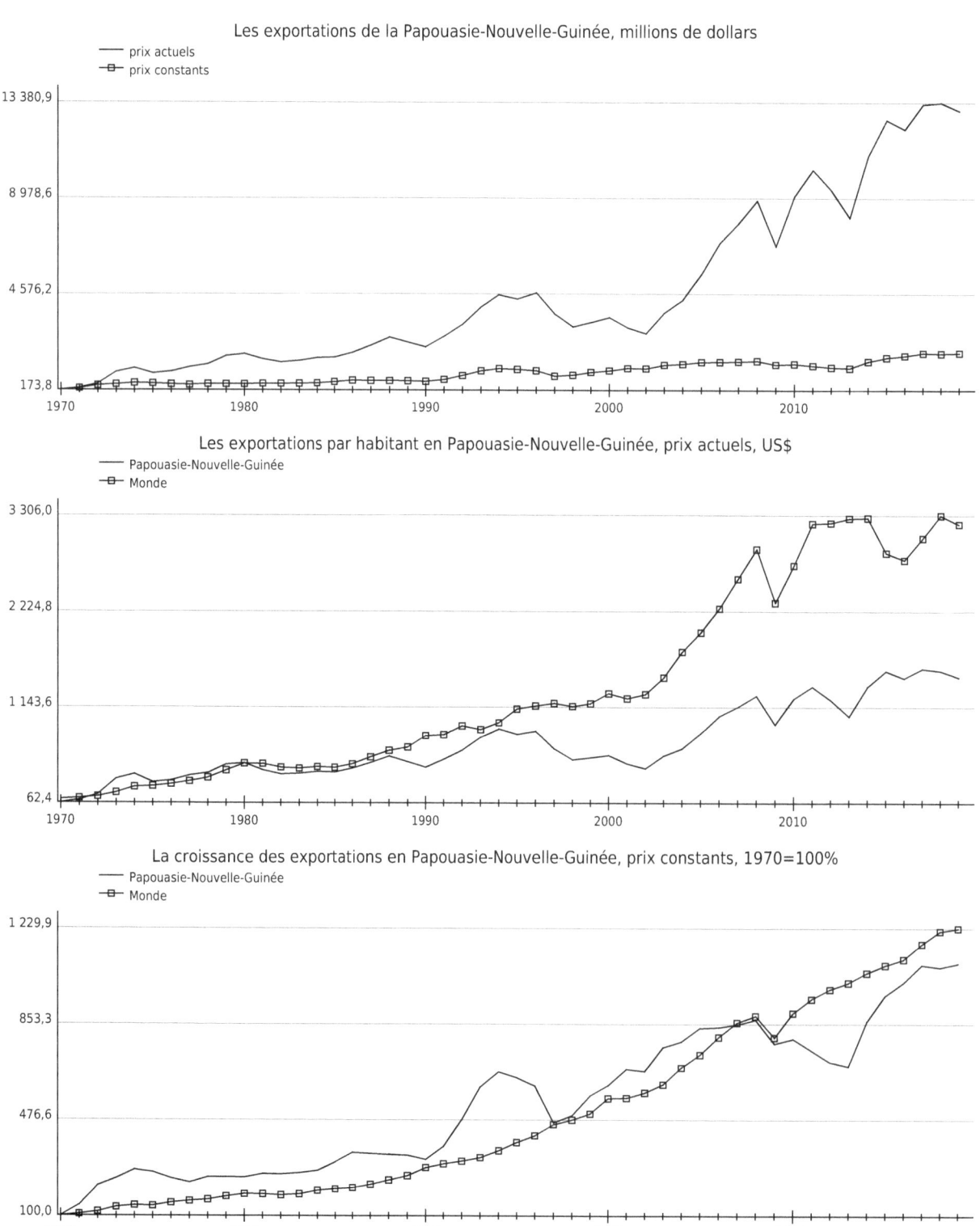

Chapitre X. Exportations

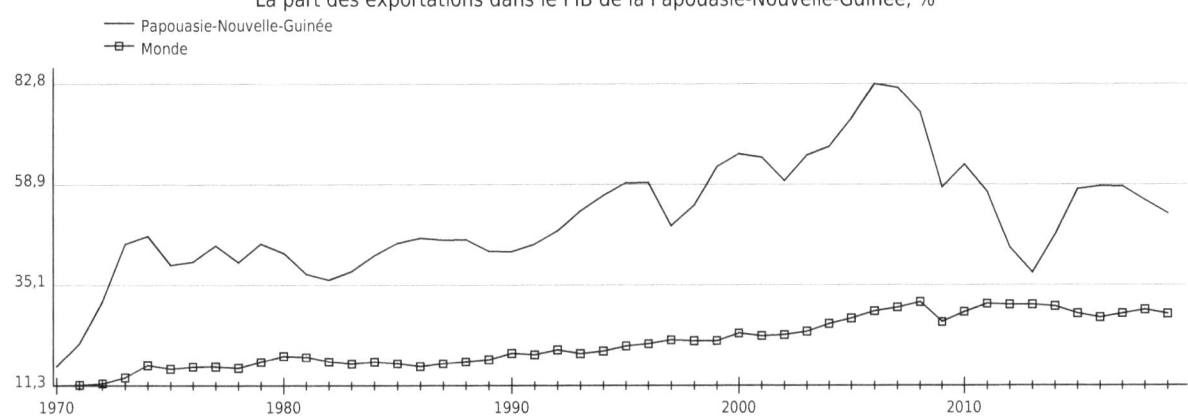

Les années 1970

La valeur des exportations en Papouasie-Nouvelle-Guinée était de 929,0 millions de dollars par an dans les années 1970, au 79ème rang mondial à égalité avec la Syrie (934,6 millions de dollars), d'Oman (916,6 millions de dollars). La part dans le monde était de 0,095% et de 4,9% en Océanie.

La part des exportations dans le PIB de la Papouasie-Nouvelle-Guinée était de 39,9% dans les années 1970, se situant au 57ème rang mondial, à égalité avec l'Irlande (40,1%).

Les exportations par habitant en Papouasie-Nouvelle-Guinée étaient de 298.5 dollars dans les années 1970, se classant au 84ème rang mondial. Les exportations par habitant en Papouasie-Nouvelle-Guinée étaient 23,3% supérieures les exportations par habitant au Monde (242,1 US$), et 3,0 fois inférieures les exportations par habitant en Océanie (882,5 US$).

La croissance des exportations en Papouasie-Nouvelle-Guinée était de 10.8% dans les années 1970, se classant au 27ème rang mondial, à égalité avec la Tunisie (10,8%). La croissance des exportations en Papouasie-Nouvelle-Guinée (10,8%) a été supérieure à celle du monde (6,5%), et supérieure à celle de l'Océanie (4,4%).

Comparaison avec les voisins. Les exportations de la Papouasie-Nouvelle-Guinée étaient supérieures à celles des Salomon (24,6 millions de dollars); mais inférieures à celles de l'Australie (13,8 milliards de dollars) et de l'Indonésie (7,5 milliards de dollars). Les exportations par habitant en Papouasie-Nouvelle-Guinée étaient supérieures à celles des Salomon (129,3 de dollars) et de l'Indonésie (57,9 de dollars); mais inférieures à celles de l'Australie (1 007,4 de dollars). La croissance des exportations en Papouasie-Nouvelle-Guinée était supérieure à celle de l'Indonésie (9,1%) et de l'Australie (4,4%); mais inférieure à celle des Salomon (18,8%).

Comparaison avec les leaders. Les exportations de la Papouasie-Nouvelle-Guinée étaient inférieures à celles des États-Unis (128,0 milliards de dollars), de l'Allemagne (82,9 milliards de dollars), de la France (64,3 milliards de dollars), du Japon (64,1 milliards de dollars) et du Royaume-Uni (61,3 milliards de dollars). Les exportations par habitant en Papouasie-Nouvelle-Guinée étaient inférieures à celles de la France (1 199,1 de dollars), du Royaume-Uni (1 094,1 de dollars), de l'Allemagne (1 052,2 de dollars), des États-Unis (586,5 de dollars) et du Japon (575,8 de dollars). La croissance des exportations en Papouasie-Nouvelle-Guinée était supérieure à celle du Japon (8,6%), de la France (7,8%), des États-Unis (6,8%), de l'Allemagne (5,1%) et du Royaume-Uni (5,0%).

Les années 1980

La valeur des exportations en Papouasie-Nouvelle-Guinée était de 1,9 milliards de dollars par an dans les années 1980, se classant au 79ème rang mondial. La part dans le monde était de 0,073% et de 4,2% en Océanie.

La part des exportations dans le PIB de la Papouasie-Nouvelle-Guinée était de 42,5% dans les années 1980, se situant au 55ème rang mondial, à égalité avec le Suriname (42,4%), la Bulgarie (42,6%), la Gambie (42,7%).

Les exportations par habitant en Papouasie-Nouvelle-Guinée étaient de 463.9 dollars dans les années 1980, se classant au 96ème rang mondial, à égalité avec le Mexique (459,6 de dollars). Les exportations par habitant en Papouasie-Nouvelle-Guinée étaient 12,4% inférieures les exportations par habitant au Monde (529,9 US$), et 3,8 fois inférieures les exportations par habitant en Océanie (1 779,0 US$).

La croissance des exportations en Papouasie-Nouvelle-Guinée était de 3% dans les années 1980, se classant au 110ème rang mondial, à égalité avec le Royaume-Uni (3,0%), les Seychelles (3,0%). La croissance des exportations en Papouasie-Nouvelle-Guinée (3,0%) a été inférieure à celle du monde (3,8%), et inférieure à celle de l'Océanie (4,3%).

Comparaison avec les voisins. Les exportations de la Papouasie-Nouvelle-Guinée étaient supérieures à celles des Salomon (87,1 millions de dollars); mais inférieures à celles de l'Australie (32,2 milliards de dollars) et de l'Indonésie (23,6 milliards de dollars). Les exportations par habitant en Papouasie-Nouvelle-Guinée étaient supérieures à celles des Salomon (326,5 de dollars) et de l'Indonésie (144,1 de dollars); mais inférieures à celles de l'Australie (2 064,1 de dollars). La croissance des exportations en Papouasie-Nouvelle-Guinée était supérieure à celle de l'Indonésie (1,7%) et des Salomon (-6,7%); mais inférieure à celle de l'Australie (4,8%).

Comparaison avec les leaders. Les exportations de la Papouasie-Nouvelle-Guinée étaient inférieures à celles des États-Unis (338,6 milliards de dollars), du Japon (210,6 milliards de dollars), de l'Allemagne (208,1 milliards de dollars), de la France (155,9 milliards de dollars) et du Royaume-Uni (155,0 milliards de dollars). Les exportations par habitant en Papouasie-Nouvelle-Guinée étaient inférieures à celles de la France (2 757,6 de dollars), du Royaume-Uni (2 744,8 de dollars), de l'Allemagne (2 667,0 de dollars), du Japon (1 736,5 de dollars) et des États-Unis (1 413,8 de dollars). La croissance des exportations en Papouasie-Nouvelle-Guinée était inférieure à celle du Japon (6,7%), des États-Unis (5,7%), de l'Allemagne (4,7%), de la France (4,0%) et du Royaume-Uni (3,0%).

Les années 1990

La valeur des exportations en Papouasie-Nouvelle-Guinée était de 3,5 milliards de dollars par an dans les années 1990, se classant au 85ème rang mondial. La part dans le monde était de 0,060% et de 3,9% en Océanie.

La part des exportations dans le PIB de la Papouasie-Nouvelle-Guinée était de 53,3% dans les années 1990, se classant au 36ème rang mondial, à égalité avec la Biélorussie (53,2%), le Honduras (53,5%), la Slovénie (53,5%).

Les exportations par habitant en Papouasie-Nouvelle-Guinée étaient de 687.8 dollars dans les années 1990, se situant au 99ème rang mondial, à égalité avec l'Asie du Sud-Est (696,7 de dollars), le Vanuatu (675,1 de dollars). Les exportations par habitant en Papouasie-Nouvelle-Guinée étaient 33,2% inférieures les exportations par habitant au Monde (1 029,5 US$), et 4,6 fois inférieures les exportations par habitant en Océanie (3 150,8 US$).

La croissance des exportations en Papouasie-Nouvelle-Guinée était de 5.4% dans les années 1990, au 98ème rang mondial, à égalité avec l'Europe du Sud (5,4%), la Zambie (5,4%), l'Eswatini (5,5%). La croissance des exportations en Papouasie-Nouvelle-Guinée (5,4%) a été inférieure à celle du monde (6,9%), et inférieure à celle de l'Océanie (7,2%).

Comparaison avec les voisins. Les exportations de la Papouasie-Nouvelle-Guinée étaient supérieures à celles des Salomon (184,0 millions de dollars); mais inférieures à celles de l'Australie (68,3 milliards de dollars) et de l'Indonésie (51,0 milliards de dollars). Les exportations par habitant en Papouasie-Nouvelle-Guinée étaient supérieures à celles des Salomon (517,8 de dollars) et de l'Indonésie (260,4 de dollars); mais inférieures à celles de l'Australie (3 819,0 de dollars). La croissance des exportations en Papouasie-Nouvelle-Guinée était supérieure à celle de l'Indonésie (4,4%); mais inférieure à celle des Salomon (7,9%) et de l'Australie (7,9%).

Comparaison avec les leaders. La valeur des exportations en Papouasie-Nouvelle-Guinée était inférieure à celle des États-Unis (773,6 milliards de dollars), de l'Allemagne (509,0 milliards de dollars), du Japon (418,7 milliards de dollars), de la France (329,8 milliards de dollars) et du Royaume-Uni (324,3 milliards de dollars). Les exportations par habitant en Papouasie-Nouvelle-Guinée étaient inférieures à celles de l'Allemagne (6 311,2 de dollars), du Royaume-Uni (5 602,2 de dollars), de la France (5 553,9 de dollars), du Japon (3 320,8 de dollars) et des États-Unis (2 925,3 de dollars). La croissance des exportations en Papouasie-Nouvelle-Guinée était supérieure à celle du Japon (4,2%); mais inférieure à celle des États-Unis (7,2%), de la France (6,5%), de l'Allemagne (6,0%) et du Royaume-Uni (5,7%).

Les années 2000

La valeur des exportations en Papouasie-Nouvelle-Guinée était de 5,3 milliards de dollars par an dans les années 2000, au 99ème rang mondial à égalité avec le Paraguay (5,3 milliards de dollars), le Honduras (5,3 milliards de dollars), l'Uruguay (5,4 milliards de dollars). La part dans le monde était de 0,042% et de 2,9% en Océanie.

La structure des exportations: produits primaires (32,2%), articles manufacturés provenant de ressources naturelles (44,4%).

La Papouasie-Nouvelle-Guinée a exporté des marchandises vers l'Australie (40,5%), le Japon (12,5%), la Chine (7,9%), l'Allemagne

Chapitre X. Exportations

(6,3%), Singapour (3,7%) et d'autres pays (29,0%).

La part des exportations dans le PIB de la Papouasie-Nouvelle-Guinée était de 70,8% dans les années 2000, se situant au 22ème rang mondial, à égalité avec le Turkménistan (70,5%), les Îles Turks-et-Caïcos (70,3%), le Panama (71,4%).

Les exportations par habitant en Papouasie-Nouvelle-Guinée étaient de 822.7 dollars dans les années 2000, au 124ème rang mondial, à égalité avec l'Équateur (822,5 de dollars), les Îles Marshall (819,0 de dollars). Les exportations par habitant en Papouasie-Nouvelle-Guinée étaient 2,4 fois inférieures les exportations par habitant au Monde (1 933,7 US$), et 6,7 fois inférieures les exportations par habitant en Océanie (5 498,6 US$).

La croissance des exportations en Papouasie-Nouvelle-Guinée était de 3.1% dans les années 2000, se classant au 137ème rang mondial, à égalité avec l'Australasie (3,1%), l'Australie (3,1%). La croissance des exportations en Papouasie-Nouvelle-Guinée (3,1%) a été inférieure à celle du monde (4,8%), et supérieure à celle de l'Océanie (3,0%).

Comparaison avec les voisins. La valeur des exportations en Papouasie-Nouvelle-Guinée était supérieure à celle des Salomon (180,0 millions de dollars); mais inférieure à celle de l'Australie (143,4 milliards de dollars) et de l'Indonésie (102,0 milliards de dollars). Les exportations par habitant en Papouasie-Nouvelle-Guinée étaient supérieures à celles de l'Indonésie (453,4 de dollars) et des Salomon (387,9 de dollars); mais inférieures à celles de l'Australie (7 108,5 de dollars). La croissance des exportations en Papouasie-Nouvelle-Guinée était supérieure à celle des Salomon (0,46%); mais inférieure à celle de l'Indonésie (7,5%) et de l'Australie (3,1%).

Comparaison avec les leaders. Les exportations de la Papouasie-Nouvelle-Guinée étaient inférieures à celles des États-Unis (1,3 billions de dollars), de l'Allemagne (1,0 billions de dollars), de la Chine (780,2 milliards de dollars), du Japon (626,3 milliards de dollars) et du Royaume-Uni (591,1 milliards de dollars). Les exportations par habitant en Papouasie-Nouvelle-Guinée étaient supérieures à celles de la Chine (588,1 de dollars); mais inférieures à celles de l'Allemagne (12 836,9 de dollars), du Royaume-Uni (9 780,7 de dollars), du Japon (4 886,4 de dollars) et des États-Unis (4 488,4 de dollars). La croissance des exportations en Papouasie-Nouvelle-Guinée était supérieure à celle du Royaume-Uni (2,8%); mais inférieure à celle de la Chine (12,7%), de l'Allemagne (5,0%), du Japon (3,5%) et des États-Unis (3,3%).

Les années 2010

Les exportations de la Papouasie-Nouvelle-Guinée étaient de 11,2 milliards de dollars par an dans les années 2010, au 99ème rang mondial à égalité avec le Cambodge (11,0 milliards de dollars), la Guinée équatoriale (11,0 milliards de dollars). La part dans le monde était de 0,049% et de 3,0% en Océanie.

La structure des exportations: produits primaires (38,5%), articles manufacturés provenant de ressources naturelles (39,5%), articles manufacturés de technologie moyenne (1,1%).

La Papouasie-Nouvelle-Guinée a exporté des marchandises vers l'Australie (35,0%), le Japon (16,7%), la Chine (13,1%), Singapour (4,5%), l'Allemagne (4,4%) et d'autres pays (26,2%).

La part des exportations dans le PIB de la Papouasie-Nouvelle-Guinée était de 52,8% dans les années 2010, se classant au 54ème rang mondial, à égalité avec le Gabon (52,7%), le Panama (52,7%), les Palaos (53,2%).

Les exportations par habitant en Papouasie-Nouvelle-Guinée étaient de 1395.6 dollars dans les années 2010, se situant au 133ème rang mondial, à égalité avec l'Algérie (1 384,6 de dollars), Cuba (1 413,8 de dollars), l'Ukraine (1 430,2 de dollars). Les exportations par habitant en Papouasie-Nouvelle-Guinée étaient 2,2 fois inférieures les exportations par habitant au Monde (3 098,9 US$), et 6,9 fois inférieures les exportations par habitant en Océanie (9 599,0 US$).

La croissance des exportations en Papouasie-Nouvelle-Guinée était de 3.5% dans les années 2010, se situant au 123ème rang mondial. La croissance des exportations en Papouasie-Nouvelle-Guinée (3,5%) a été inférieure à celle du monde (4,4%), et inférieure à celle de l'Océanie (3,9%).

Comparaison avec les voisins. Les exportations de la Papouasie-Nouvelle-Guinée étaient 19,6 fois supérieures à celles des Salomon (573,0 millions de dollars); mais 27,2 fois inférieures à celles de l'Australie (305,5 milliards de dollars) et 18,4 fois inférieures à celles de l'Indonésie (206,3 milliards de dollars). Les exportations par habitant en Papouasie-Nouvelle-Guinée étaient 45,3% supérieures à celles des Salomon (960,5 de dollars) et 73,5% supérieures à celles de l'Indonésie (804,2 de dollars); mais 9,2 fois inférieures à celles de l'Australie (12 870,8 de dollars). La croissance des exportations en Papouasie-Nouvelle-Guinée était inférieure à celle des Salomon

(11,0%), de l'Indonésie (4,6%) et de l'Australie (4,2%).

Comparaison avec les leaders. La valeur des exportations en Papouasie-Nouvelle-Guinée était 204,5 fois inférieure à celle de la Chine (2,3 billions de dollars), 202,4 fois inférieure à celle des États-Unis (2,3 billions de dollars), 150,1 fois inférieure à celle de l'Allemagne (1,7 billions de dollars), 76,6 fois inférieure à celle du Japon (859,4 milliards de dollars) et 72,7 fois inférieure à celle du Royaume-Uni (815,1 milliards de dollars). Les exportations par habitant en Papouasie-Nouvelle-Guinée étaient 14,7 fois inférieures à celles de l'Allemagne (20 563,4 de dollars), 8,9 fois inférieures à celles du Royaume-Uni (12 425,4 de dollars), 5,1 fois inférieures à celles des États-Unis (7 104,2 de dollars), 4,8 fois inférieures à celles du Japon (6 718,2 de dollars) et 14,7% inférieures à celles de la Chine (1 635,3 de dollars). La croissance des exportations en Papouasie-Nouvelle-Guinée était supérieure à celle du Royaume-Uni (3,1%); mais inférieure à celle de la Chine (6,8%), de l'Allemagne (4,7%), du Japon (4,6%) et des États-Unis (3,7%).

Chapitre XI. Importations

La valeur des importations en Papouasie-Nouvelle-Guinée est passé de 934,3 millions de dollars par an dans les années 1970 à 10,4 milliards de dollars par an dans les années 2010, c'est-à-dire 9,5 milliards de dollars ou de 11,2 fois. La variation a été de 6,4 milliards de dollars en raison de l'augmentation de 2,6 fois des prix, et de 1,6 milliards de dollars en raison de la croissance du taux par habitant de 1,7 fois, et de 1,5 milliards de dollars en raison de la croissance démographique. La croissance annuelle moyenne des importations était de 2,7%. La valeur minimale était de 622,6 millions de dollars en 1970. La valeur maximale était de 14,9 milliards de dollars en 2012.

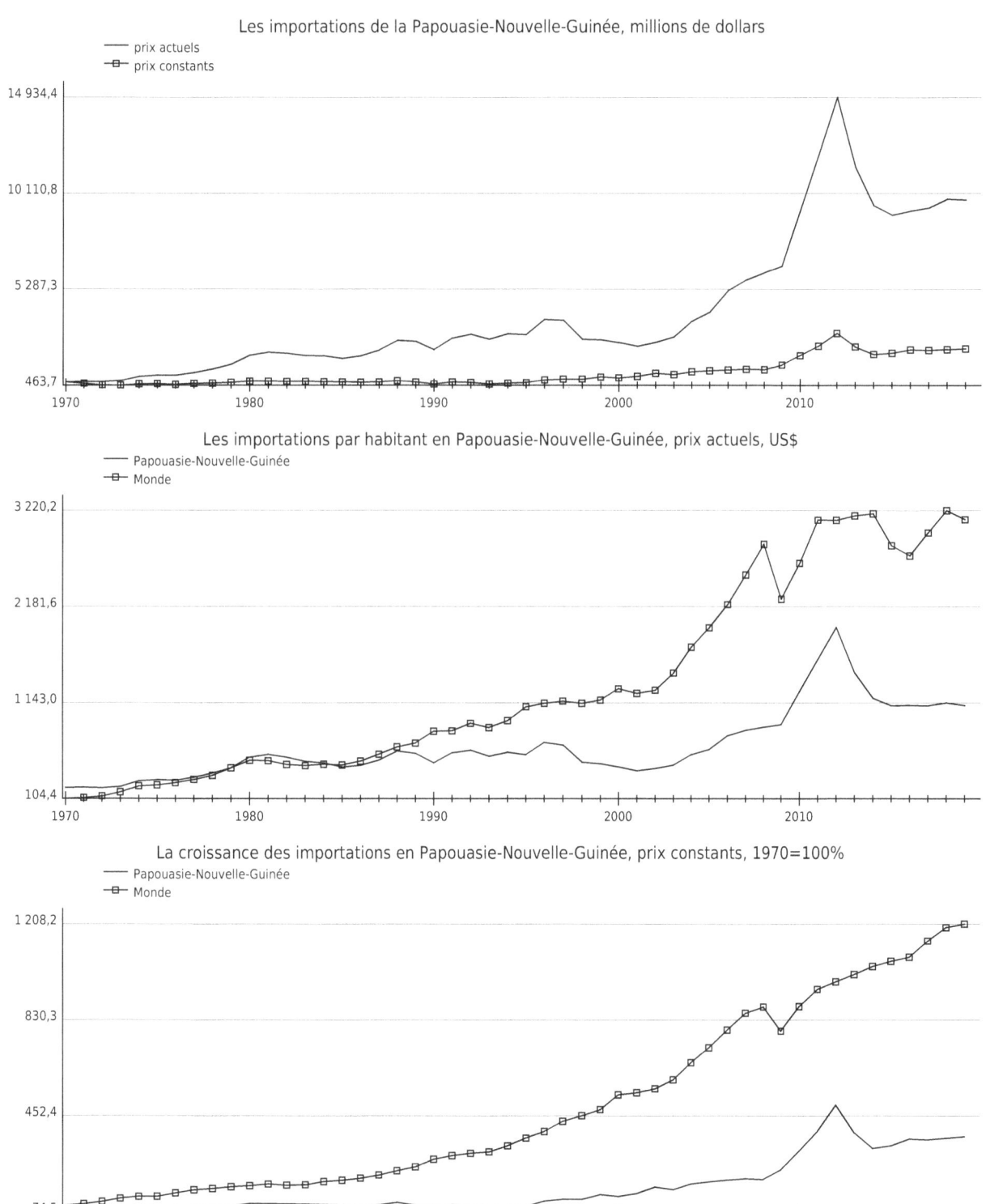

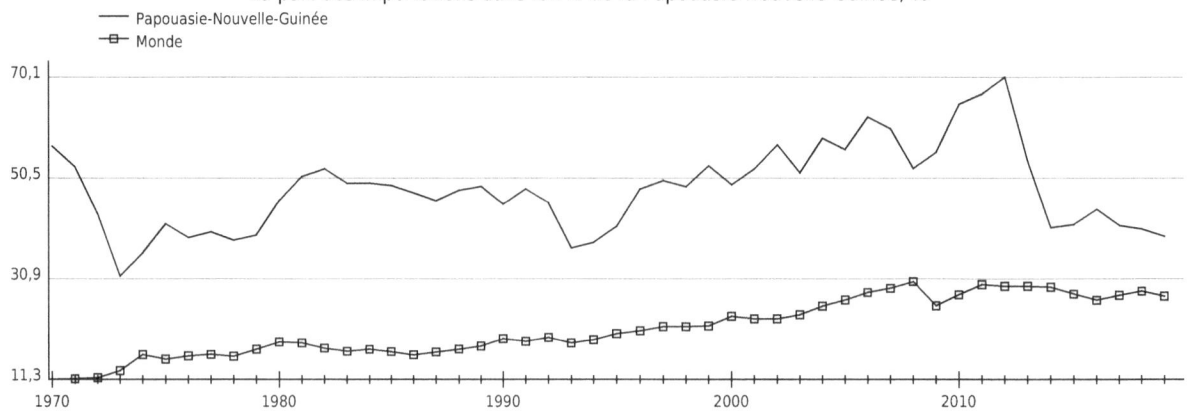

Les années 1970

La valeur des importations en Papouasie-Nouvelle-Guinée était de 934,3 millions de dollars par an dans les années 1970, au 80ème rang mondial à égalité avec le Zimbabwe (923,4 millions de dollars). La part dans le monde était de 0,095% et de 4,8% en Océanie.

La part des importations dans le PIB de la Papouasie-Nouvelle-Guinée était de 40,1% dans les années 1970, se classant au 74ème rang mondial, à égalité avec la Suisse (40,2%), le Liechtenstein (40,4%), la Polynésie française (39,9%).

Les importations par habitant en Papouasie-Nouvelle-Guinée étaient de 300.2 dollars dans les années 1970, au 98ème rang mondial, à égalité avec les Samoa (300,6 de dollars), la Dominique (299,1 de dollars), la Palestine (302,8 dollars). Les importations par habitant en Papouasie-Nouvelle-Guinée étaient 22,8% supérieures les importations par habitant au Monde (244,3 US$), et 3,0 fois inférieures les importations par habitant en Océanie (913,9 US$).

La croissance des importations en Papouasie-Nouvelle-Guinée était de -0.3% dans les années 1970, au 173ème rang mondial. La croissance des importations en Papouasie-Nouvelle-Guinée (-0,29%) a été inférieure à celle du monde (6,3%), et inférieure à celle de l'Océanie (2,8%).

Comparaison avec les voisins. Les importations de la Papouasie-Nouvelle-Guinée étaient supérieures à celles des Salomon (25,5 millions de dollars); mais inférieures à celles de l'Australie (13,8 milliards de dollars) et de l'Indonésie (6,4 milliards de dollars). Les importations par habitant en Papouasie-Nouvelle-Guinée étaient supérieures à celles des Salomon (133,8 de dollars) et de l'Indonésie (48,9 de dollars); mais inférieures à celles de l'Australie (1 012,5 de dollars). La croissance des importations en Papouasie-Nouvelle-Guinée était inférieure à celle de l'Indonésie (17,8%), des Salomon (12,1%) et de l'Australie (3,3%).

Comparaison avec les leaders. La valeur des importations en Papouasie-Nouvelle-Guinée était inférieure à celle des États-Unis (133,2 milliards de dollars), de l'Allemagne (92,5 milliards de dollars), de la France (63,3 milliards de dollars), du Royaume-Uni (62,4 milliards de dollars) et du Japon (61,0 milliards de dollars). Les importations par habitant en Papouasie-Nouvelle-Guinée étaient inférieures à celles de la France (1 181,1 de dollars), de l'Allemagne (1 175,1 de dollars), du Royaume-Uni (1 113,2 de dollars), des États-Unis (610,4 de dollars) et du Japon (547,6 de dollars). La croissance des importations en Papouasie-Nouvelle-Guinée était inférieure à celle de la France (7,2%), du Japon (7,0%), de l'Allemagne (5,6%), des États-Unis (5,1%) et du Royaume-Uni (4,5%).

Les années 1980

Les importations de la Papouasie-Nouvelle-Guinée étaient de 2,1 milliards de dollars par an dans les années 1980, au 78ème rang mondial à égalité avec le Guatemala (2,1 milliards de dollars). La part dans le monde était de 0,082% et de 4,4% en Océanie.

La part des importations dans le PIB de la Papouasie-Nouvelle-Guinée était de 48,7% dans les années 1980, se classant au 60ème rang mondial, à égalité avec le Yémen (48,4%).

Les importations par habitant en Papouasie-Nouvelle-Guinée étaient de 532.2 dollars dans les années 1980, au 99ème rang mondial, à égalité avec l'Uruguay (528,5 de dollars), le Monde (539,1 de dollars), la Tunisie (523,7 de dollars). Les importations par habitant en Papouasie-Nouvelle-Guinée étaient 1,3% inférieures les importations par habitant au Monde (539,1 US$), et 3,7 fois inférieures les importations par habitant en Océanie (1 987,8 US$).

La croissance des importations en Papouasie-Nouvelle-Guinée était de 0.3% dans les années 1980, se situant au 134ème rang mondial. La croissance des importations en Papouasie-Nouvelle-Guinée (0,31%) a été inférieure à celle du monde (3,8%), et inférieure à celle

Chapitre XI. Importations

de l'Océanie (5,7%).

Comparaison avec les voisins. La valeur des importations en Papouasie-Nouvelle-Guinée était supérieure à celle des Salomon (114,6 millions de dollars); mais inférieure à celle de l'Australie (36,4 milliards de dollars) et de l'Indonésie (20,2 milliards de dollars). Les importations par habitant en Papouasie-Nouvelle-Guinée étaient supérieures à celles des Salomon (429,7 de dollars) et de l'Indonésie (123,4 de dollars); mais inférieures à celles de l'Australie (2 335,0 de dollars). La croissance des importations en Papouasie-Nouvelle-Guinée était inférieure à celle des Salomon (9,2%), de l'Australie (6,8%) et de l'Indonésie (3,7%).

Comparaison avec les leaders. La valeur des importations en Papouasie-Nouvelle-Guinée était inférieure à celle des États-Unis (417,2 milliards de dollars), de l'Allemagne (225,6 milliards de dollars), du Japon (175,9 milliards de dollars), de la France (162,0 milliards de dollars) et du Royaume-Uni (157,7 milliards de dollars). Les importations par habitant en Papouasie-Nouvelle-Guinée étaient inférieures à celles de l'Allemagne (2 891,9 de dollars), de la France (2 867,2 de dollars), du Royaume-Uni (2 793,0 de dollars), des États-Unis (1 742,4 de dollars) et du Japon (1 450,4 de dollars). La croissance des importations en Papouasie-Nouvelle-Guinée était inférieure à celle des États-Unis (5,8%), du Royaume-Uni (5,1%), du Japon (4,6%), de la France (4,3%) et de l'Allemagne (3,3%).

Les années 1990

Les importations de la Papouasie-Nouvelle-Guinée étaient de 3,0 milliards de dollars par an dans les années 1990, au 97ème rang mondial à égalité avec la Jamaïque (3,0 milliards de dollars), la Lettonie (3,0 milliards de dollars), le Zimbabwe (3,1 milliards de dollars). La part dans le monde était de 0,052% et de 3,2% en Océanie.

La part des importations dans le PIB de la Papouasie-Nouvelle-Guinée était de 45,1% dans les années 1990, se situant au 79ème rang mondial, à égalité avec la Mélanésie (45,0%), le Botswana (44,9%), le Kazakhstan (45,6%).

Les importations par habitant en Papouasie-Nouvelle-Guinée étaient de 582.4 dollars dans les années 1990, se classant au 125ème rang mondial, à égalité avec la république du Congo (589,1 de dollars), l'Est (591,9 de dollars). Les importations par habitant en Papouasie-Nouvelle-Guinée étaient 42,7% inférieures les importations par habitant au Monde (1 015,5 US$), et 5,6 fois inférieures les importations par habitant en Océanie (3 244,3 US$).

La croissance des importations en Papouasie-Nouvelle-Guinée était de 3.5% dans les années 1990, se classant au 121ème rang mondial, à égalité avec la Suisse (3,5%), le Honduras (3,5%), le Malawi (3,5%). La croissance des importations en Papouasie-Nouvelle-Guinée (3,5%) a été inférieure à celle du monde (6,6%), et inférieure à celle de l'Océanie (6,2%).

Comparaison avec les voisins. Les importations de la Papouasie-Nouvelle-Guinée étaient supérieures à celles des Salomon (189,6 millions de dollars); mais inférieures à celles de l'Australie (71,6 milliards de dollars) et de l'Indonésie (45,1 milliards de dollars). Les importations par habitant en Papouasie-Nouvelle-Guinée étaient supérieures à celles des Salomon (533,5 de dollars) et de l'Indonésie (230,1 de dollars); mais inférieures à celles de l'Australie (4 000,6 de dollars). La croissance des importations en Papouasie-Nouvelle-Guinée était supérieure à celle des Salomon (-3,6%); mais inférieure à celle de l'Australie (6,9%) et de l'Indonésie (5,3%).

Comparaison avec les leaders. Les importations de la Papouasie-Nouvelle-Guinée étaient inférieures à celles des États-Unis (874,1 milliards de dollars), de l'Allemagne (501,6 milliards de dollars), du Japon (355,9 milliards de dollars), du Royaume-Uni (330,2 milliards de dollars) et de la France (308,5 milliards de dollars). Les importations par habitant en Papouasie-Nouvelle-Guinée étaient inférieures à celles de l'Allemagne (6 220,3 de dollars), du Royaume-Uni (5 705,3 de dollars), de la France (5 194,4 de dollars), des États-Unis (3 305,6 de dollars) et du Japon (2 822,9 de dollars). La croissance des importations en Papouasie-Nouvelle-Guinée était supérieure à celle du Japon (3,3%); mais inférieure à celle des États-Unis (8,3%), de l'Allemagne (6,4%), de la France (5,1%) et du Royaume-Uni (5,1%).

Les années 2000

Les importations de la Papouasie-Nouvelle-Guinée étaient de 4,2 milliards de dollars par an dans les années 2000, au 110ème rang mondial à égalité avec Maurice (4,1 milliards de dollars), la Tanzanie (4,2 milliards de dollars). La part dans le monde était de 0,034% et de 2,2% en Océanie.

La structure des importations: produits primaires (14,8%), articles manufacturés provenant de ressources naturelles (32,3%), articles manufacturés à faible technologie (12,3%), articles manufacturés de technologie moyenne (29,4%), articles manufacturés à haute technologie (8,2%).

La Papouasie-Nouvelle-Guinée a importé des marchandises en provenance l'Australie (47,1%), Singapour (16,8%), la Chine (7,5%), le Japon (4,7%), la Nouvelle-Zélande (3,7%) et d'autres pays (20,3%).

La part des importations dans le PIB de la Papouasie-Nouvelle-Guinée était de 55,8% dans les années 2000, se classant au 68ème rang mondial, à égalité avec le Groenland (55,5%), la Jamaïque (56,2%).

Les importations par habitant en Papouasie-Nouvelle-Guinée étaient de 648.5 dollars dans les années 2000, se situant au 148ème rang mondial, à égalité avec le Timor oriental (656,3 de dollars), l'Afrique du Nord (640,5 de dollars), le Brésil (657,5 de dollars). Les importations par habitant en Papouasie-Nouvelle-Guinée étaient 2,9 fois inférieures les importations par habitant au Monde (1 899,9 US$), et 9,0 fois inférieures les importations par habitant en Océanie (5 844,4 US$).

La croissance des importations en Papouasie-Nouvelle-Guinée était de 5.4% dans les années 2000, au 95ème rang mondial, à égalité avec l'Afrique australe (5,3%), l'Afrique du Sud (5,4%), la Malaisie (5,4%). La croissance des importations en Papouasie-Nouvelle-Guinée (5,4%) a été supérieure à celle du monde (5,1%), et inférieure à celle de l'Océanie (6,6%).

Comparaison avec les voisins. Les importations de la Papouasie-Nouvelle-Guinée étaient supérieures à celles des Salomon (242,3 millions de dollars); mais inférieures à celles de l'Australie (153,8 milliards de dollars) et de l'Indonésie (86,1 milliards de dollars). Les importations par habitant en Papouasie-Nouvelle-Guinée étaient supérieures à celles des Salomon (522,2 de dollars) et de l'Indonésie (382,9 de dollars); mais inférieures à celles de l'Australie (7 619,8 de dollars). La croissance des importations en Papouasie-Nouvelle-Guinée était supérieure à celle des Salomon (2,1%); mais inférieure à celle de l'Australie (7,5%) et de l'Indonésie (7,3%).

Comparaison avec les leaders. La valeur des importations en Papouasie-Nouvelle-Guinée était inférieure à celle des États-Unis (1,9 billions de dollars), de l'Allemagne (914,7 milliards de dollars), du Royaume-Uni (641,8 milliards de dollars), de la Chine (641,1 milliards de dollars) et du Japon (566,4 milliards de dollars). Les importations par habitant en Papouasie-Nouvelle-Guinée étaient supérieures à celles de la Chine (483,3 de dollars); mais inférieures à celles de l'Allemagne (11 237,8 de dollars), du Royaume-Uni (10 620,4 de dollars), des États-Unis (6 400,9 de dollars) et du Japon (4 418,9 de dollars). La croissance des importations en Papouasie-Nouvelle-Guinée était supérieure à celle de l'Allemagne (3,7%), du Royaume-Uni (3,1%), des États-Unis (2,8%) et du Japon (1,8%); mais inférieure à celle de la Chine (15,1%).

Les années 2010

Les importations de la Papouasie-Nouvelle-Guinée étaient de 10,4 milliards de dollars par an dans les années 2010, au 106ème rang mondial à égalité avec le Yémen (10,6 milliards de dollars). La part dans le monde était de 0,047% et de 2,8% en Océanie.

La structure des importations: produits primaires (16,0%), articles manufacturés provenant de ressources naturelles (21,2%), articles manufacturés à faible technologie (11,9%), articles manufacturés de technologie moyenne (40,4%), articles manufacturés à haute technologie (8,6%).

La Papouasie-Nouvelle-Guinée a importé des marchandises en provenance l'Australie (33,1%), Singapour (15,3%), la Chine (11,4%), la Malaisie (7,8%), le Japon (4,4%) et d'autres pays (28,0%).

La part des importations dans le PIB de la Papouasie-Nouvelle-Guinée était de 49,1% dans les années 2010, se classant au 95ème rang mondial, à égalité avec la Mauritanie (49,1%), le Botswana (49,1%), la Mélanésie (49,2%).

Les importations par habitant en Papouasie-Nouvelle-Guinée étaient de 1298.9 dollars dans les années 2010, se classant au 148ème rang mondial, à égalité avec l'Asie centrale (1 325,8 de dollars). Les importations par habitant en Papouasie-Nouvelle-Guinée étaient 2,3 fois inférieures les importations par habitant au Monde (3 015,6 US$), et 7,4 fois inférieures les importations par habitant en Océanie (9 570,0 US$).

La croissance des importations en Papouasie-Nouvelle-Guinée était de 4.5% dans les années 2010, se situant au 92ème rang mondial, à égalité avec l'Indonésie (4,5%), le Honduras (4,5%). La croissance des importations en Papouasie-Nouvelle-Guinée (4,5%) a été supérieure à celle du monde (4,4%), et inférieure à celle de l'Océanie (5,7%).

Comparaison avec les voisins. Les importations de la Papouasie-Nouvelle-Guinée étaient 15,2 fois supérieures à celles des Salomon (687,0 millions de dollars); mais 28,9 fois inférieures à celles de l'Australie (302,1 milliards de dollars) et 19,5 fois inférieures à celles de l'Indonésie (204,0 milliards de dollars). Les importations par habitant en Papouasie-Nouvelle-Guinée étaient 12,8% supérieures à celles des Salomon (1 151,7 de dollars) et 63,3% supérieures à celles de l'Indonésie (795,3 de dollars); mais 9,8 fois inférieures à celles de

Chapitre XI. Importations

l'Australie (12 728,6 de dollars). La croissance des importations en Papouasie-Nouvelle-Guinée était supérieure à celle de l'Indonésie (4,5%) et de l'Australie (2,4%); mais inférieure à celle des Salomon (6,7%).

Comparaison avec les leaders. La valeur des importations en Papouasie-Nouvelle-Guinée était 269,9 fois inférieure à celle des États-Unis (2,8 billions de dollars), 198,3 fois inférieure à celle de la Chine (2,1 billions de dollars), 139,4 fois inférieure à celle de l'Allemagne (1,5 billions de dollars), 84,1 fois inférieure à celle du Japon (877,9 milliards de dollars) et 81,9 fois inférieure à celle du Royaume-Uni (854,8 milliards de dollars). Les importations par habitant en Papouasie-Nouvelle-Guinée étaient 13,7 fois inférieures à celles de l'Allemagne (17 771,2 de dollars), 10,0 fois inférieures à celles du Royaume-Uni (13 030,6 de dollars), 6,8 fois inférieures à celles des États-Unis (8 817,8 de dollars), 5,3 fois inférieures à celles du Japon (6 862,7 de dollars) et 12,0% inférieures à celles de la Chine (1 475,4 de dollars). La croissance des importations en Papouasie-Nouvelle-Guinée était supérieure à celle des États-Unis (4,4%), du Japon (3,8%) et du Royaume-Uni (3,6%); mais inférieure à celle de la Chine (8,2%) et de l'Allemagne (4,8%).

Partie IV. Consommation

Chapitre XII. Dépenses publiques

Dépenses de consommation des administrations publiques

Les dépense publique de la Papouasie-Nouvelle-Guinée sont passés de 653,5 millions de dollars par an dans les années 1970 à 4,5 milliards de dollars par an dans les années 2010, c'est-à-dire 3,8 milliards de dollars ou de 6,9 fois. La variation a été de 3,0 milliards de dollars en raison de l'augmentation de 3,0 fois des prix, et de -175,7 millions de dollars en raison de la baisse du taux par habitant de 1,1 fois, et de 1,0 milliards de dollars en raison de la croissance démographique. La croissance annuelle moyenne des dépenses publiques était de -0,99%. La valeur minimale était de 329,1 millions de dollars en 1970. La valeur maximale était de 5,8 milliards de dollars en 2014.

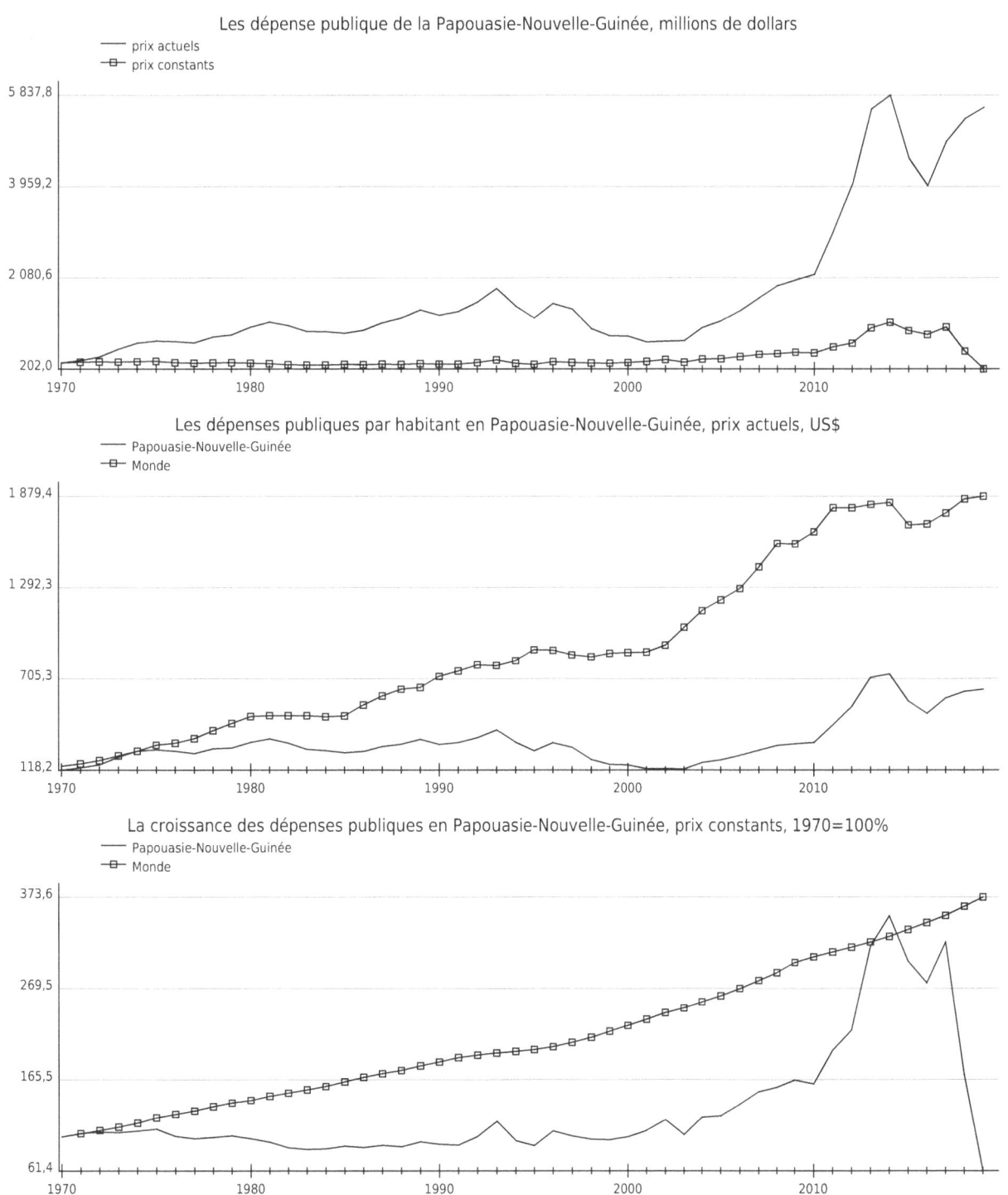

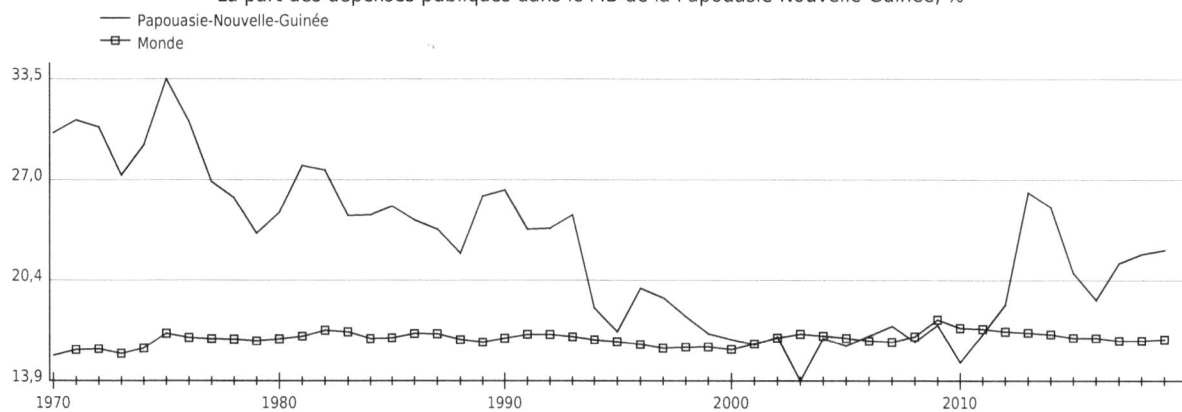

La part des dépenses publiques dans le PIB de la Papouasie-Nouvelle-Guinée, %

Les années 1970

Les dépenses publiques de la Papouasie-Nouvelle-Guinée étaient de 653,5 millions de dollars par an dans les années 1970, au 70ème rang mondial. La part dans le monde était de 0,061% et de 3,3% en Océanie.

La part des dépenses publiques dans le PIB de la Papouasie-Nouvelle-Guinée était de 28,1% dans les années 1970, se situant au 19ème rang mondial, à égalité avec les Îles Turks-et-Caïcos (28,1%), Djibouti (27,9%).

Les dépense de consommation publique par habitant en Papouasie-Nouvelle-Guinée étaient de 210 dollars dans les années 1970, au 73ème rang mondial, à égalité avec le Liban (213,4 de dollars). Les dépense de consommation publique par habitant en Papouasie-Nouvelle-Guinée étaient 20,8% inférieures les dépenses publiques par habitant au Monde (265,2 US$), et 4,4 fois inférieures les dépense de consommation publique par habitant en Océanie (920,9 US$).

La croissance des dépenses publiques en Papouasie-Nouvelle-Guinée était de 0.1% dans les années 1970, se classant au 171ème rang mondial. La croissance des dépenses publiques en Papouasie-Nouvelle-Guinée (0,14%) a été inférieure à celle du monde (3,7%), et inférieure à celle de l'Océanie (3,9%).

Comparaison avec les voisins. Les dépense publique de la Papouasie-Nouvelle-Guinée étaient supérieures à celles des Salomon (15,5 millions de dollars); mais inférieures à celles de l'Australie (16,2 milliards de dollars) et de l'Indonésie (3,2 milliards de dollars). Les dépense publique par habitant en Papouasie-Nouvelle-Guinée étaient supérieures à celles des Salomon (81,5 de dollars) et de l'Indonésie (24,6 de dollars); mais inférieures à celles de l'Australie (1 187,0 de dollars). La croissance des dépenses publiques en Papouasie-Nouvelle-Guinée était inférieure à celle de l'Indonésie (12,0%), des Salomon (10,7%) et de l'Australie (4,0%).

Comparaison avec les leaders. Les dépenses publiques de la Papouasie-Nouvelle-Guinée étaient inférieures à celles des États-Unis (285,9 milliards de dollars), de l'URSS (117,3 milliards de dollars), de l'Allemagne (95,6 milliards de dollars), du Japon (78,0 milliards de dollars) et de la France (64,5 milliards de dollars). Les dépense de consommation publique par habitant en Papouasie-Nouvelle-Guinée étaient inférieures à celles des États-Unis (1 310,2 de dollars), de l'Allemagne (1 213,7 de dollars), de la France (1 202,3 de dollars), du Japon (700,2 de dollars) et de l'URSS (465,0 de dollars). La croissance des dépenses publiques en Papouasie-Nouvelle-Guinée était inférieure à celle de l'URSS (7,2%), du Japon (5,3%), de la France (5,0%), de l'Allemagne (4,4%) et des États-Unis (0,94%).

Les années 1980

Les dépense publique de la Papouasie-Nouvelle-Guinée étaient de 1,1 milliards de dollars par an dans les années 1980, se situant au 77ème rang mondial à égalité avec le Cameroun (1,1 milliards de dollars). La part dans le monde était de 0,043% et de 2,3% en Océanie.

La part des dépenses publiques dans le PIB de la Papouasie-Nouvelle-Guinée était de 25,0% dans les années 1980, au 33ème rang mondial, à égalité avec le Danemark (25,2%).

Les dépense de consommation publique par habitant en Papouasie-Nouvelle-Guinée étaient de 272.9 dollars dans les années 1980, au 97ème rang mondial, à égalité avec l'Angola (271,6 de dollars), la Syrie (274,9 de dollars). Les dépenses publiques par habitant en Papouasie-Nouvelle-Guinée étaient 47,9% inférieures les dépense de consommation publique par habitant au Monde (523,5 US$), et 7,0 fois inférieures les dépense de consommation publique par habitant en Océanie (1 914,7 US$).

Chapitre XII. Dépenses publiques

La croissance des dépenses publiques en Papouasie-Nouvelle-Guinée était de -0.7% dans les années 1980, se classant au 163ème rang mondial. La croissance des dépenses publiques en Papouasie-Nouvelle-Guinée (-0,71%) a été inférieure à celle du monde (2,7%), et inférieure à celle de l'Océanie (3,4%).

Comparaison avec les voisins. Les dépense publique de la Papouasie-Nouvelle-Guinée étaient supérieures à celles des Salomon (45,6 millions de dollars); mais inférieures à celles de l'Australie (39,4 milliards de dollars) et de l'Indonésie (9,3 milliards de dollars). Les dépenses publiques par habitant en Papouasie-Nouvelle-Guinée étaient supérieures à celles des Salomon (170,9 de dollars) et de l'Indonésie (57,0 de dollars); mais inférieures à celles de l'Australie (2 524,4 de dollars). La croissance des dépenses publiques en Papouasie-Nouvelle-Guinée était inférieure à celle des Salomon (12,3%), de l'Indonésie (5,7%) et de l'Australie (3,7%).

Comparaison avec les leaders. Les dépense de consommation publique de la Papouasie-Nouvelle-Guinée étaient inférieures à celles des États-Unis (665,3 milliards de dollars), du Japon (257,4 milliards de dollars), de l'Allemagne (203,7 milliards de dollars), de l'URSS (181,1 milliards de dollars) et de la France (159,8 milliards de dollars). Les dépense de consommation publique par habitant en Papouasie-Nouvelle-Guinée étaient inférieures à celles de la France (2 826,9 de dollars), des États-Unis (2 778,2 de dollars), de l'Allemagne (2 611,1 de dollars), du Japon (2 122,5 de dollars) et de l'URSS (658,0 de dollars). La croissance des dépenses publiques en Papouasie-Nouvelle-Guinée était inférieure à celle de l'URSS (5,4%), du Japon (3,5%), de la France (2,8%), des États-Unis (2,6%) et de l'Allemagne (0,98%).

Les années 1990

Les dépenses publiques de la Papouasie-Nouvelle-Guinée étaient de 1,4 milliards de dollars par an dans les années 1990, se situant au 84ème rang mondial à égalité avec le Costa Rica (1,4 milliards de dollars), le Viêt Nam (1,4 milliards de dollars). La part dans le monde était de 0,029% et de 1,7% en Océanie.

La part des dépenses publiques dans le PIB de la Papouasie-Nouvelle-Guinée était de 20,7% dans les années 1990, au 52ème rang mondial, à égalité avec l'Islande (20,8%), la Mauritanie (20,6%), la Lituanie (20,9%).

Les dépenses publiques par habitant en Papouasie-Nouvelle-Guinée étaient de 267.4 dollars dans les années 1990, se classant au 119ème rang mondial, à égalité avec la république du Congo (268,5 de dollars), Djibouti (265,6 de dollars). Les dépenses publiques par habitant en Papouasie-Nouvelle-Guinée étaient 3,1 fois inférieures les dépenses publiques par habitant au Monde (824,8 US$), et 10,5 fois inférieures les dépenses publiques par habitant en Océanie (2 816,0 US$).

La croissance des dépenses publiques en Papouasie-Nouvelle-Guinée était de 0.3% dans les années 1990, se classant au 145ème rang mondial. La croissance des dépenses publiques en Papouasie-Nouvelle-Guinée (0,25%) a été inférieure à celle du monde (2,0%), et inférieure à celle de l'Océanie (2,8%).

Comparaison avec les voisins. Les dépenses publiques de la Papouasie-Nouvelle-Guinée étaient supérieures à celles des Salomon (103,3 millions de dollars); mais inférieures à celles de l'Australie (67,6 milliards de dollars) et de l'Indonésie (13,1 milliards de dollars). Les dépense de consommation publique par habitant en Papouasie-Nouvelle-Guinée étaient supérieures à celles de l'Indonésie (66,6 de dollars); mais inférieures à celles de l'Australie (3 780,1 de dollars) et des Salomon (290,7 de dollars). La croissance des dépenses publiques en Papouasie-Nouvelle-Guinée était supérieure à celle des Salomon (-2,5%); mais inférieure à celle de l'Australie (3,1%) et de l'Indonésie (0,60%).

Comparaison avec les leaders. Les dépense publique de la Papouasie-Nouvelle-Guinée étaient inférieures à celles des États-Unis (1,1 billions de dollars), du Japon (651,8 milliards de dollars), de l'Allemagne (419,6 milliards de dollars), de la France (325,4 milliards de dollars) et du Royaume-Uni (234,6 milliards de dollars). Les dépense publique par habitant en Papouasie-Nouvelle-Guinée étaient inférieures à celles de la France (5 479,6 de dollars), de l'Allemagne (5 203,8 de dollars), du Japon (5 169,1 de dollars), des États-Unis (4 287,3 de dollars) et du Royaume-Uni (4 053,6 de dollars). La croissance des dépenses publiques en Papouasie-Nouvelle-Guinée était inférieure à celle du Japon (3,0%), de l'Allemagne (2,4%), du Royaume-Uni (2,1%), de la France (1,8%) et des États-Unis (1,3%).

Les années 2000

Les dépense publique de la Papouasie-Nouvelle-Guinée étaient de 1,2 milliards de dollars par an dans les années 2000, au 119ème rang mondial à égalité avec Macao (1,3 milliards de dollars). La part dans le monde était de 0,016% et de 0,84% en Océanie.

La part des dépenses publiques dans le PIB de la Papouasie-Nouvelle-Guinée était de 16,6% dans les années 2000, se classant au 90ème rang mondial, à égalité avec le Mozambique (16,5%), d'Aruba (16,6%), l'Asie de l'Ouest (16,4%).

Les dépenses publiques par habitant en Papouasie-Nouvelle-Guinée étaient de 192.6 dollars dans les années 2000, au 150ème rang mondial, à égalité avec le Paraguay (189,4 de dollars), l'Asie du Sud-Est (188,5 de dollars). Les dépense de consommation publique par habitant en Papouasie-Nouvelle-Guinée étaient 6,2 fois inférieures les dépenses publiques par habitant au Monde (1 200,9 US$), et 23,1 fois inférieures les dépense de consommation publique par habitant en Océanie (4 445,7 US$).

La croissance des dépenses publiques en Papouasie-Nouvelle-Guinée était de 5.5% dans les années 2000, au 57ème rang mondial, à égalité avec l'Arabie saoudite (5,4%), les Émirats arabes unis (5,5%), la Palestine (5,5%). La croissance des dépenses publiques en Papouasie-Nouvelle-Guinée (5,5%) a été supérieure à celle du monde (3,1%), et supérieure à celle de l'Océanie (3,1%).

Comparaison avec les voisins. Les dépense de consommation publique de la Papouasie-Nouvelle-Guinée étaient supérieures à celles des Salomon (151,3 millions de dollars); mais inférieures à celles de l'Australie (124,8 milliards de dollars) et de l'Indonésie (27,6 milliards de dollars). Les dépense de consommation publique par habitant en Papouasie-Nouvelle-Guinée étaient supérieures à celles de l'Indonésie (122,6 de dollars); mais inférieures à celles de l'Australie (6 184,1 de dollars) et des Salomon (326,1 de dollars). La croissance des dépenses publiques en Papouasie-Nouvelle-Guinée était supérieure à celle des Salomon (4,8%) et de l'Australie (3,1%); mais inférieure à celle de l'Indonésie (8,7%).

Comparaison avec les leaders. Les dépense de consommation publique de la Papouasie-Nouvelle-Guinée étaient inférieures à celles des États-Unis (1,9 billions de dollars), du Japon (844,2 milliards de dollars), de l'Allemagne (520,1 milliards de dollars), de la France (479,9 milliards de dollars) et du Royaume-Uni (453,4 milliards de dollars). Les dépense de consommation publique par habitant en Papouasie-Nouvelle-Guinée étaient inférieures à celles de la France (7 640,9 de dollars), du Royaume-Uni (7 501,5 de dollars), du Japon (6 586,4 de dollars), des États-Unis (6 545,9 de dollars) et de l'Allemagne (6 389,7 de dollars). La croissance des dépenses publiques en Papouasie-Nouvelle-Guinée était supérieure à celle du Royaume-Uni (2,9%), des États-Unis (2,2%), du Japon (1,7%), de la France (1,7%) et de l'Allemagne (1,4%).

Les années 2010

Les dépenses publiques de la Papouasie-Nouvelle-Guinée étaient de 4,5 milliards de dollars par an dans les années 2010, se classant au 97ème rang mondial à égalité avec la Tanzanie (4,4 milliards de dollars), l'Islande (4,5 milliards de dollars), la Côte d'Ivoire (4,6 milliards de dollars). La part dans le monde était de 0,034% et de 1,5% en Océanie.

La part des dépenses publiques dans le PIB de la Papouasie-Nouvelle-Guinée était de 21,2% dans les années 2010, au 40ème rang mondial, à égalité avec Saint-Vincent-et-les-Grenadines (21,1%), l'Europe du Nord (21,0%), l'Eswatini (21,3%).

Les dépenses publiques par habitant en Papouasie-Nouvelle-Guinée étaient de 559.2 dollars dans les années 2010, se classant au 141ème rang mondial, à égalité avec la Géorgie (555,2 de dollars), les Salomon (565,4 de dollars). Les dépenses publiques par habitant en Papouasie-Nouvelle-Guinée étaient 3,2 fois inférieures les dépenses publiques par habitant au Monde (1 785,1 US$), et 14,1 fois inférieures les dépense de consommation publique par habitant en Océanie (7 863,2 US$).

La croissance des dépenses publiques en Papouasie-Nouvelle-Guinée était de -9.4% dans les années 2010, au 210ème rang mondial. La croissance des dépenses publiques en Papouasie-Nouvelle-Guinée (-9,4%) a été inférieure à celle du monde (2,3%), et inférieure à celle de l'Océanie (3,3%).

Comparaison avec les voisins. Les dépenses publiques de la Papouasie-Nouvelle-Guinée étaient 13,3 fois supérieures à celles des Salomon (337,3 millions de dollars); mais 58,5 fois inférieures à celles de l'Australie (262,9 milliards de dollars) et 19,2 fois inférieures à celles de l'Indonésie (86,2 milliards de dollars). Les dépense de consommation publique par habitant en Papouasie-Nouvelle-Guinée étaient 66,5% supérieures à celles de l'Indonésie (336,0 de dollars); mais 19,8 fois inférieures à celles de l'Australie (11 078,9 de dollars) et 1,1% inférieures à celles des Salomon (565,4 de dollars). La croissance des dépenses publiques en Papouasie-Nouvelle-Guinée était inférieure à celle de l'Australie (3,6%), de l'Indonésie (3,3%) et des Salomon (0,43%).

Comparaison avec les leaders. Les dépense publique de la Papouasie-Nouvelle-Guinée étaient 590,5 fois inférieures à celles des États-Unis (2,7 billions de dollars), 373,7 fois inférieures à celles de la Chine (1,7 billions de dollars), 232,1 fois inférieures à celles du Japon (1,0 billions de dollars), 160,6 fois inférieures à celles de l'Allemagne (721,6 milliards de dollars) et 142,0 fois inférieures à celles de la France (637,9 milliards de dollars). Les dépense publique par habitant en Papouasie-Nouvelle-Guinée étaient 17,2 fois inférieures à celles de la France (9 617,6 de dollars), 15,8 fois inférieures à celles de l'Allemagne (8 815,0 de dollars), 14,9 fois inférieures à celles des États-Unis (8 304,9 de dollars), 14,6 fois inférieures à celles du Japon (8 152,8 de dollars) et 2,1 fois inférieures à celles de la Chine (1 197,3 de dollars). La croissance des dépenses publiques en Papouasie-Nouvelle-Guinée était inférieure à celle de la Chine (8,3%), de l'Allemagne (1,9%), du Japon (1,3%), de la France (1,3%) et des États-Unis (0,0052%).

Chapitre XIII. Dépenses ménagères

Dépenses de consommation des ménages

Les dépenses ménagères de la Papouasie-Nouvelle-Guinée sont passés de 1,1 milliards de dollars par an dans les années 1970 à 12,7 milliards de dollars par an dans les années 2010, c'est-à-dire 11,5 milliards de dollars ou de 11,1 fois. La variation a été de 5,2 milliards de dollars en raison de l'augmentation de 1,7 fois des prix, et de 4,6 milliards de dollars en raison de la croissance du taux par habitant de 2,5 fois, et de 1,8 milliards de dollars en raison de la croissance démographique. La croissance annuelle moyenne des dépenses ménagères était de 4,8%. La valeur minimale était de 680,1 millions de dollars en 1970. La valeur maximale était de 17,3 milliards de dollars en 2012.

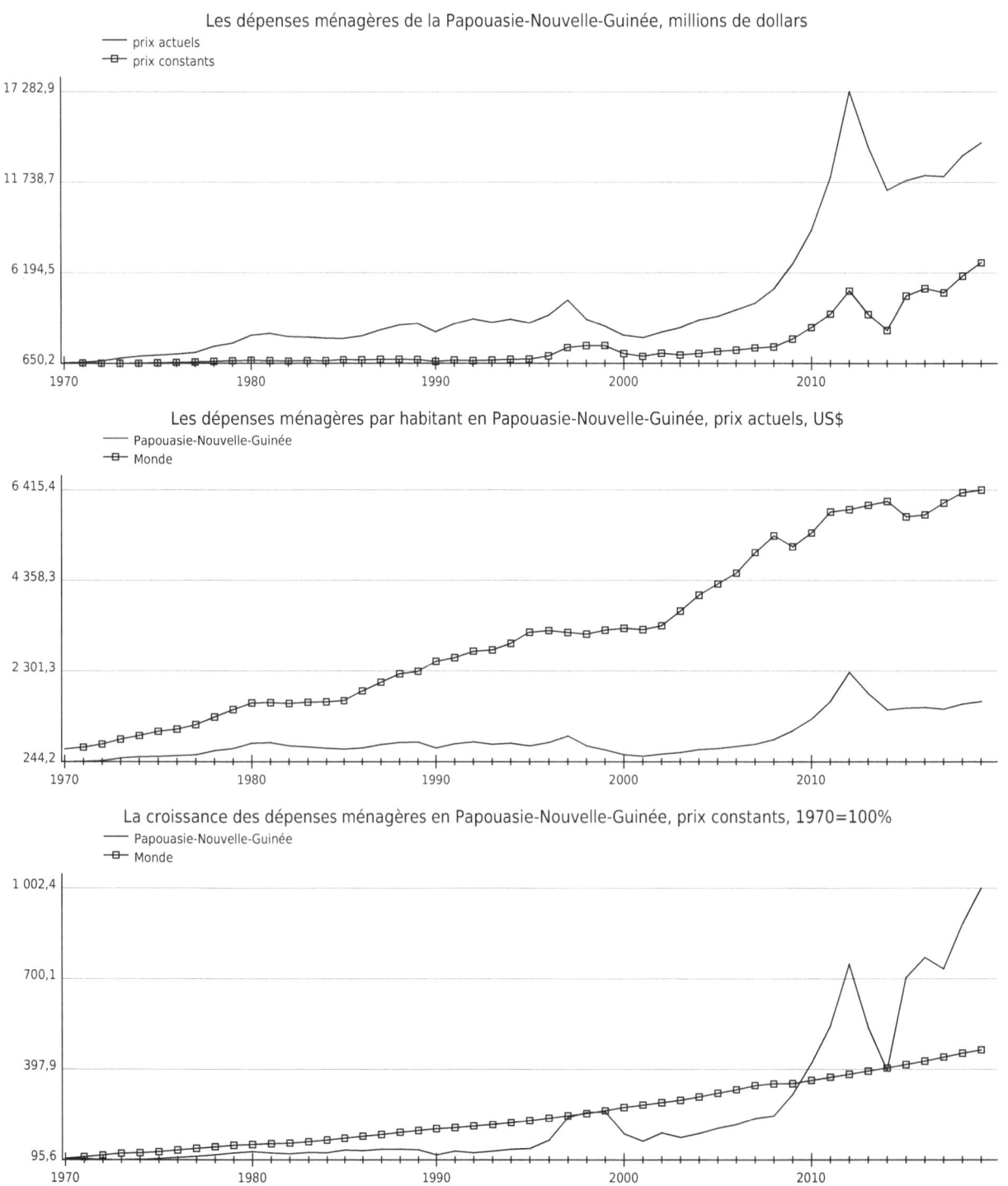

Chapitre XIII. Dépenses ménagères

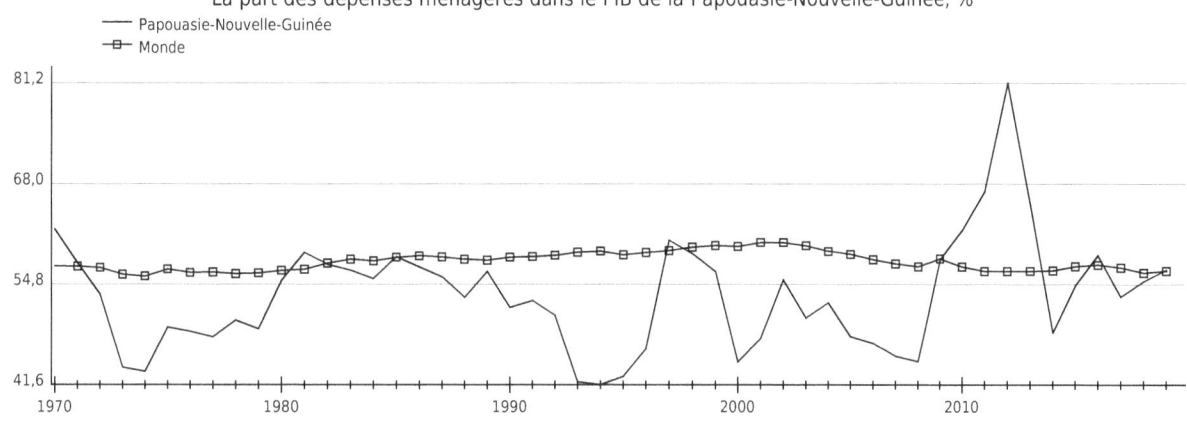

Les années 1970

Les dépenses ménagères de la Papouasie-Nouvelle-Guinée étaient de 1,1 milliards de dollars par an dans les années 1970, se situant au 96ème rang mondial à égalité avec Trinité-et-Tobago (1,2 milliards de dollars), le Yémen (1,1 milliards de dollars), la Guinée (1,1 milliards de dollars). La part dans le monde était de 0,031% et de 1,8% en Océanie.

La part des dépenses ménagères dans le PIB de la Papouasie-Nouvelle-Guinée était de 49,3% dans les années 1970, se situant au 160ème rang mondial, à égalité avec les Îles Turks-et-Caïcos (49,2%), l'Est (49,1%), la Suède (48,9%).

Les dépenses ménagères par habitant en Papouasie-Nouvelle-Guinée étaient de 368.4 dollars dans les années 1970, au 121ème rang mondial, à égalité avec le Ghana (365,5 de dollars), le Maroc (361,1 de dollars), Saint-Vincent-et-les-Grenadines (360,4 de dollars). Les dépenses ménagères par habitant en Papouasie-Nouvelle-Guinée étaient 2,5 fois inférieures les dépenses ménagères par habitant au Monde (914,8 US$), et 8,2 fois inférieures les dépenses ménagères par habitant en Océanie (3 038,8 US$).

La croissance des dépenses ménagères en Papouasie-Nouvelle-Guinée était de 1.8% dans les années 1970, se classant au 154ème rang mondial, à égalité avec le Népal (1,8%). La croissance des dépenses ménagères en Papouasie-Nouvelle-Guinée (1,8%) a été inférieure à celle du monde (4,1%), et inférieure à celle de l'Océanie (3,1%).

Comparaison avec les voisins. Les dépenses ménagères de la Papouasie-Nouvelle-Guinée étaient supérieures à celles des Salomon (38,7 millions de dollars); mais inférieures à celles de l'Australie (54,3 milliards de dollars) et de l'Indonésie (21,0 milliards de dollars). Les dépenses ménagères par habitant en Papouasie-Nouvelle-Guinée étaient supérieures à celles des Salomon (203,2 de dollars) et de l'Indonésie (162,0 de dollars); mais inférieures à celles de l'Australie (3 978,3 de dollars). La croissance des dépenses ménagères en Papouasie-Nouvelle-Guinée était inférieure à celle de l'Indonésie (8,1%), de l'Australie (3,4%) et des Salomon (3,1%).

Comparaison avec les leaders. Les dépenses ménagères de la Papouasie-Nouvelle-Guinée étaient inférieures à celles des États-Unis (1,0 billions de dollars), de l'URSS (310,6 milliards de dollars), du Japon (280,9 milliards de dollars), de l'Allemagne (277,8 milliards de dollars) et de la France (180,7 milliards de dollars). Les dépenses ménagères par habitant en Papouasie-Nouvelle-Guinée étaient inférieures à celles des États-Unis (4 744,5 de dollars), de l'Allemagne (3 527,2 de dollars), de la France (3 371,0 de dollars), du Japon (2 523,0 de dollars) et de l'URSS (1 231,6 de dollars). La croissance des dépenses ménagères en Papouasie-Nouvelle-Guinée était inférieure à celle du Japon (5,1%), de l'URSS (4,7%), de la France (4,0%), des États-Unis (3,6%) et de l'Allemagne (3,6%).

Les années 1980

Les dépenses ménagères de la Papouasie-Nouvelle-Guinée étaient de 2,5 milliards de dollars par an dans les années 1980, se classant au 98ème rang mondial à égalité avec Madagascar (2,5 milliards de dollars), la Guinée (2,5 milliards de dollars), la Zambie (2,4 milliards de dollars). La part dans le monde était de 0,028% et de 1,7% en Océanie.

La part des dépenses ménagères dans le PIB de la Papouasie-Nouvelle-Guinée était de 56,3% dans les années 1980, se classant au 130ème rang mondial, à égalité avec l'Afrique du Nord (56,3%), l'Océanie (56,2%), l'Australasie (56,2%).

Les dépenses ménagères par habitant en Papouasie-Nouvelle-Guinée étaient de 615.2 dollars dans les années 1980, se classant au 122ème rang mondial, à égalité avec les Kiribati (615,4 de dollars), Djibouti (629,0 de dollars). Les dépenses ménagères par habitant en Papouasie-Nouvelle-Guinée étaient 2,9 fois inférieures les dépenses ménagères par habitant au Monde (1 808,0 US$), et 9,5 fois inférieures les dépenses ménagères par habitant en Océanie (5 842,6 US$).

La croissance des dépenses ménagères en Papouasie-Nouvelle-Guinée était de 0.9% dans les années 1980, se situant au 157ème rang mondial. La croissance des dépenses ménagères en Papouasie-Nouvelle-Guinée (0,90%) a été inférieure à celle du monde (3,0%), et inférieure à celle de l'Océanie (3,1%).

Comparaison avec les voisins. Les dépenses ménagères de la Papouasie-Nouvelle-Guinée étaient supérieures à celles des Salomon (97,8 millions de dollars); mais inférieures à celles de l'Australie (121,6 milliards de dollars) et de l'Indonésie (55,3 milliards de dollars). Les dépenses ménagères par habitant en Papouasie-Nouvelle-Guinée étaient supérieures à celles des Salomon (366,5 de dollars) et de l'Indonésie (337,5 de dollars); mais inférieures à celles de l'Australie (7 802,1 de dollars). La croissance des dépenses ménagères en Papouasie-Nouvelle-Guinée était inférieure à celle des Salomon (13,8%), de l'Indonésie (6,1%) et de l'Australie (3,2%).

Comparaison avec les leaders. Les dépenses ménagères de la Papouasie-Nouvelle-Guinée étaient inférieures à celles des États-Unis (2,6 billions de dollars), du Japon (945,6 milliards de dollars), de l'Allemagne (575,7 milliards de dollars), de l'URSS (424,6 milliards de dollars) et du Royaume-Uni (416,5 milliards de dollars). Les dépenses ménagères par habitant en Papouasie-Nouvelle-Guinée étaient inférieures à celles des États-Unis (10 904,4 de dollars), du Japon (7 796,6 de dollars), de l'Allemagne (7 378,3 de dollars), du Royaume-Uni (7 376,3 de dollars) et de l'URSS (1 542,8 de dollars). La croissance des dépenses ménagères en Papouasie-Nouvelle-Guinée était inférieure à celle du Japon (3,7%), du Royaume-Uni (3,5%), des États-Unis (3,2%), de l'URSS (3,0%) et de l'Allemagne (1,8%).

Les années 1990

Les dépenses ménagères de la Papouasie-Nouvelle-Guinée étaient de 3,3 milliards de dollars par an dans les années 1990, au 111ème rang mondial à égalité avec Bahreïn (3,3 milliards de dollars), le Nicaragua (3,3 milliards de dollars), le Mozambique (3,3 milliards de dollars). La part dans le monde était de 0,020% et de 1,3% en Océanie.

La part des dépenses ménagères dans le PIB de la Papouasie-Nouvelle-Guinée était de 49,7% dans les années 1990, au 181ème rang mondial, à égalité avec les Pays-Bas (49,8%), les Salomon (49,8%), la Tchéquie (49,8%).

Les dépenses ménagères par habitant en Papouasie-Nouvelle-Guinée étaient de 642.2 dollars dans les années 1990, au 142ème rang mondial, à égalité avec l'Asie du Sud-Est (652,5 de dollars), l'Ukraine (657,1 de dollars). Les dépenses ménagères par habitant en Papouasie-Nouvelle-Guinée étaient 4,6 fois inférieures les dépenses ménagères par habitant au Monde (2 963,9 US$), et 13,9 fois inférieures les dépenses ménagères par habitant en Océanie (8 928,2 US$).

La croissance des dépenses ménagères en Papouasie-Nouvelle-Guinée était de 7.1% dans les années 1990, au 13ème rang mondial. La croissance des dépenses ménagères en Papouasie-Nouvelle-Guinée (7,1%) a été supérieure à celle du monde (3,0%), et supérieure à celle de l'Océanie (3,2%).

Comparaison avec les voisins. Les dépenses ménagères de la Papouasie-Nouvelle-Guinée étaient supérieures à celles des Salomon (159,8 millions de dollars); mais inférieures à celles de l'Australie (216,0 milliards de dollars) et de l'Indonésie (105,3 milliards de dollars). Les dépenses ménagères par habitant en Papouasie-Nouvelle-Guinée étaient supérieures à celles de l'Indonésie (537,5 de dollars) et des Salomon (449,7 de dollars); mais inférieures à celles de l'Australie (12 076,0 de dollars). La croissance des dépenses ménagères en Papouasie-Nouvelle-Guinée était supérieure à celle de l'Australie (3,3%) et des Salomon (-2,9%); mais inférieure à celle de l'Indonésie (7,5%).

Comparaison avec les leaders. Les dépenses ménagères de la Papouasie-Nouvelle-Guinée étaient inférieures à celles des États-Unis (4,9 billions de dollars), du Japon (2,3 billions de dollars), de l'Allemagne (1,2 billions de dollars), du Royaume-Uni (884,5 milliards de dollars) et de la France (783,0 milliards de dollars). Les dépenses ménagères par habitant en Papouasie-Nouvelle-Guinée étaient inférieures à celles des États-Unis (18 538,8 de dollars), du Japon (18 170,3 de dollars), du Royaume-Uni (15 280,6 de dollars), de l'Allemagne (15 158,9 de dollars) et de la France (13 185,2 de dollars). La croissance des dépenses ménagères en Papouasie-Nouvelle-Guinée était supérieure à celle des États-Unis (3,4%), du Royaume-Uni (2,8%), de l'Allemagne (2,1%), du Japon (1,8%) et de la France (1,8%).

Les années 2000

Les dépenses ménagères de la Papouasie-Nouvelle-Guinée étaient de 3,7 milliards de dollars par an dans les années 2000, se classant au 136ème rang mondial. La part dans le monde était de 0,014% et de 0,78% en Océanie.

La part des dépenses ménagères dans le PIB de la Papouasie-Nouvelle-Guinée était de 49,3% dans les années 2000, au 171ème rang

Chapitre XIII. Dépenses ménagères

mondial, à égalité avec la Finlande (49,4%), les Seychelles (49,5%), la Russie (49,6%).

Les dépenses ménagères par habitant en Papouasie-Nouvelle-Guinée étaient de 573.1 dollars dans les années 2000, se situant au 168ème rang mondial, à égalité avec les Salomon (572,6 de dollars), le Pakistan (566,6 de dollars), le Zimbabwe (562,8 de dollars). Les dépenses ménagères par habitant en Papouasie-Nouvelle-Guinée étaient 7,3 fois inférieures les dépenses ménagères par habitant au Monde (4 208,2 US$), et 24,9 fois inférieures les dépenses ménagères par habitant en Océanie (14 250,8 US$).

La croissance des dépenses ménagères en Papouasie-Nouvelle-Guinée était de 2.1% dans les années 2000, se classant au 167ème rang mondial, à égalité avec le Salvador (2,1%), la Guinée-Bissau (2,1%), le Royaume-Uni (2,1%). La croissance des dépenses ménagères en Papouasie-Nouvelle-Guinée (2,1%) a été inférieure à celle du monde (3,0%), et inférieure à celle de l'Océanie (3,6%).

Comparaison avec les voisins. Les dépenses ménagères de la Papouasie-Nouvelle-Guinée étaient supérieures à celles des Salomon (265,7 millions de dollars); mais inférieures à celles de l'Australie (403,9 milliards de dollars) et de l'Indonésie (209,7 milliards de dollars). Les dépenses ménagères par habitant en Papouasie-Nouvelle-Guinée étaient supérieures à celles des Salomon (572,6 de dollars); mais inférieures à celles de l'Australie (20 013,7 de dollars) et de l'Indonésie (932,5 de dollars). La croissance des dépenses ménagères en Papouasie-Nouvelle-Guinée était supérieure à celle des Salomon (-0,21%); mais inférieure à celle de l'Indonésie (4,2%) et de l'Australie (3,7%).

Comparaison avec les leaders. Les dépenses ménagères de la Papouasie-Nouvelle-Guinée étaient inférieures à celles des États-Unis (8,5 billions de dollars), du Japon (2,6 billions de dollars), de l'Allemagne (1,5 billions de dollars), du Royaume-Uni (1,5 billions de dollars) et de la France (1,1 billions de dollars). Les dépenses ménagères par habitant en Papouasie-Nouvelle-Guinée étaient inférieures à celles des États-Unis (28 799,1 de dollars), du Royaume-Uni (24 959,3 de dollars), du Japon (20 355,9 de dollars), de l'Allemagne (18 912,2 de dollars) et de la France (18 146,8 de dollars). La croissance des dépenses ménagères en Papouasie-Nouvelle-Guinée était supérieure à celle de la France (2,0%), du Japon (0,81%) et de l'Allemagne (0,46%); mais inférieure à celle des États-Unis (2,4%) et du Royaume-Uni (2,1%).

Les années 2010

Les dépenses ménagères de la Papouasie-Nouvelle-Guinée étaient de 12,7 milliards de dollars par an dans années 2010, se classant au 112ème rang mondial à égalité avec l'Estonie (12,9 milliards de dollars), la Palestine (12,5 milliards de dollars). La part dans le monde était de 0,029% et de 1,3% en Océanie.

La part des dépenses ménagères dans le PIB de la Papouasie-Nouvelle-Guinée était de 59,7% dans les années 2010, se situant au 132ème rang mondial, à égalité avec la Syrie (59,8%), la Croatie (59,8%), la Pologne (59,7%).

Les dépenses ménagères par habitant en Papouasie-Nouvelle-Guinée étaient de 1579.5 dollars dans les années 2010, au 152ème rang mondial, à égalité avec le Soudan (1 548,8 de dollars). Les dépenses ménagères par habitant en Papouasie-Nouvelle-Guinée étaient 3,8 fois inférieures les dépenses ménagères par habitant au Monde (6 018,5 US$), et 15,2 fois inférieures les dépenses ménagères par habitant en Océanie (24 058,7 US$).

La croissance des dépenses ménagères en Papouasie-Nouvelle-Guinée était de 12.3% dans les années 2010, se classant au 2ème rang mondial. La croissance des dépenses ménagères en Papouasie-Nouvelle-Guinée (12,3%) a été supérieure à celle du monde (2,8%), et supérieure à celle de l'Océanie (2,3%).

Comparaison avec les voisins. Les dépenses ménagères de la Papouasie-Nouvelle-Guinée étaient 19,9 fois supérieures à celles des Salomon (636,5 millions de dollars); mais 62,7 fois inférieures à celles de l'Australie (795,6 milliards de dollars) et 41,9 fois inférieures à celles de l'Indonésie (532,2 milliards de dollars). Les dépenses ménagères par habitant en Papouasie-Nouvelle-Guinée étaient 48,0% supérieures à celles des Salomon (1 067,1 de dollars); mais 21,2 fois inférieures à celles de l'Australie (33 523,1 de dollars) et 23,9% inférieures à celles de l'Indonésie (2 074,7 de dollars). La croissance des dépenses ménagères en Papouasie-Nouvelle-Guinée était supérieure à celle de l'Indonésie (5,1%), des Salomon (4,1%) et de l'Australie (2,0%).

Comparaison avec les leaders. Les dépenses ménagères de la Papouasie-Nouvelle-Guinée étaient 960,7 fois inférieures à celles des États-Unis (12,2 billions de dollars), 309,6 fois inférieures à celles de la Chine (3,9 billions de dollars), 235,4 fois inférieures à celles du Japon (3,0 billions de Dollars), 154,3 fois inférieures à celles de l'Allemagne (2,0 billions de dollars) et 140,4 fois inférieures à celles du Royaume-Uni (1,8 billions de dollars). Les dépenses ménagères par habitant en Papouasie-Nouvelle-Guinée étaient 24,2 fois inférieures à celles des États-Unis (38 161,2 de dollars), 17,2 fois inférieures à celles du Royaume-Uni (27 164,8 de dollars), 15,1 fois inférieures à celles de l'Allemagne (23 925,0 de dollars), 14,8 fois inférieures à celles du Japon (23 352,2 de dollars) et 43,6% inférieures à celles de la Chine (2 801,9 de dollars). La croissance des dépenses ménagères en Papouasie-Nouvelle-Guinée était supérieure à celle de la Chine (8,3%), des États-Unis (2,4%), du Royaume-Uni (1,8%), de l'Allemagne (1,4%) et du Japon (0,64%).

Partie V. Reproduction

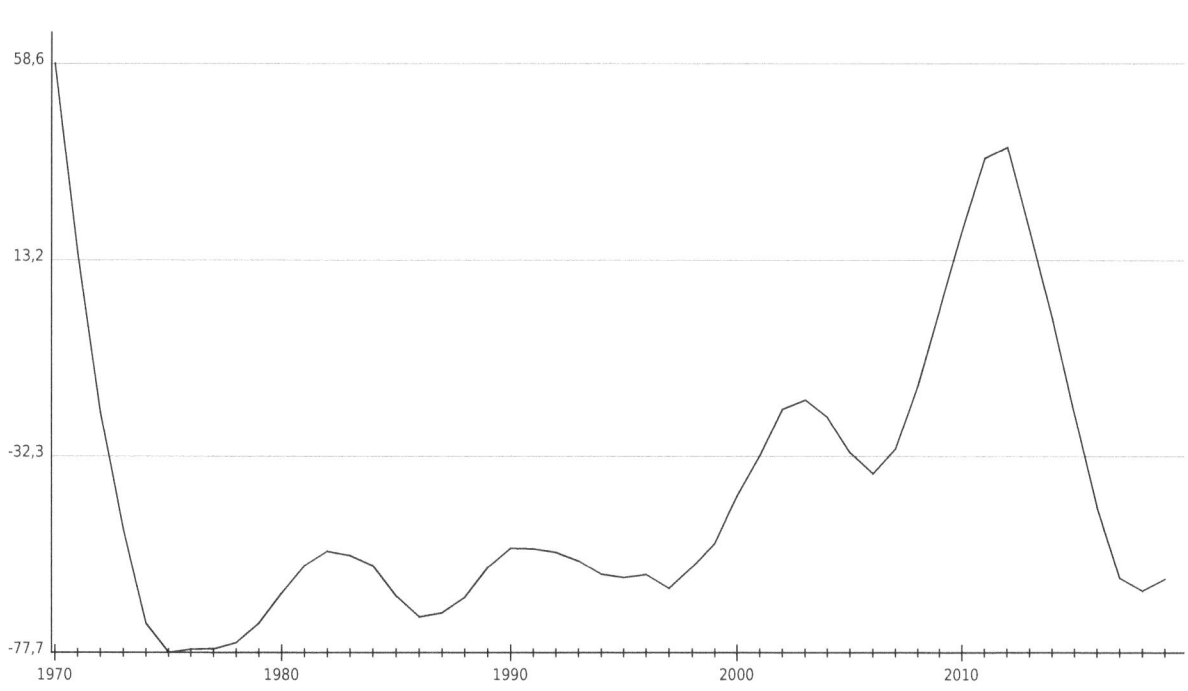

Indice de Kouchnir, (−) consommation − (+) reproduction

Chapitre XIV. Formation de capital fixe

Formation brute de capital fixe

La formation de capital fixe de la Papouasie-Nouvelle-Guinée est passé de 416,9 millions de dollars par an dans les années 1970 à 3,1 milliards de dollars par an dans les années 2010, c'est-à-dire 2,7 milliards de dollars ou de 7,5 fois. La variation a été de 1,2 milliards de dollars en raison de l'augmentation de 1,6 fois des prix, et de 834,2 millions de dollars en raison de la croissance du taux par habitant de 1,8 fois, et de 659,4 millions de dollars en raison de la croissance démographique. La croissance annuelle moyenne de la formation de capital était de 0,62%. La valeur minimale était de 268,0 millions de dollars en 1973. La valeur maximale était de 5,4 milliards de dollars en 2012.

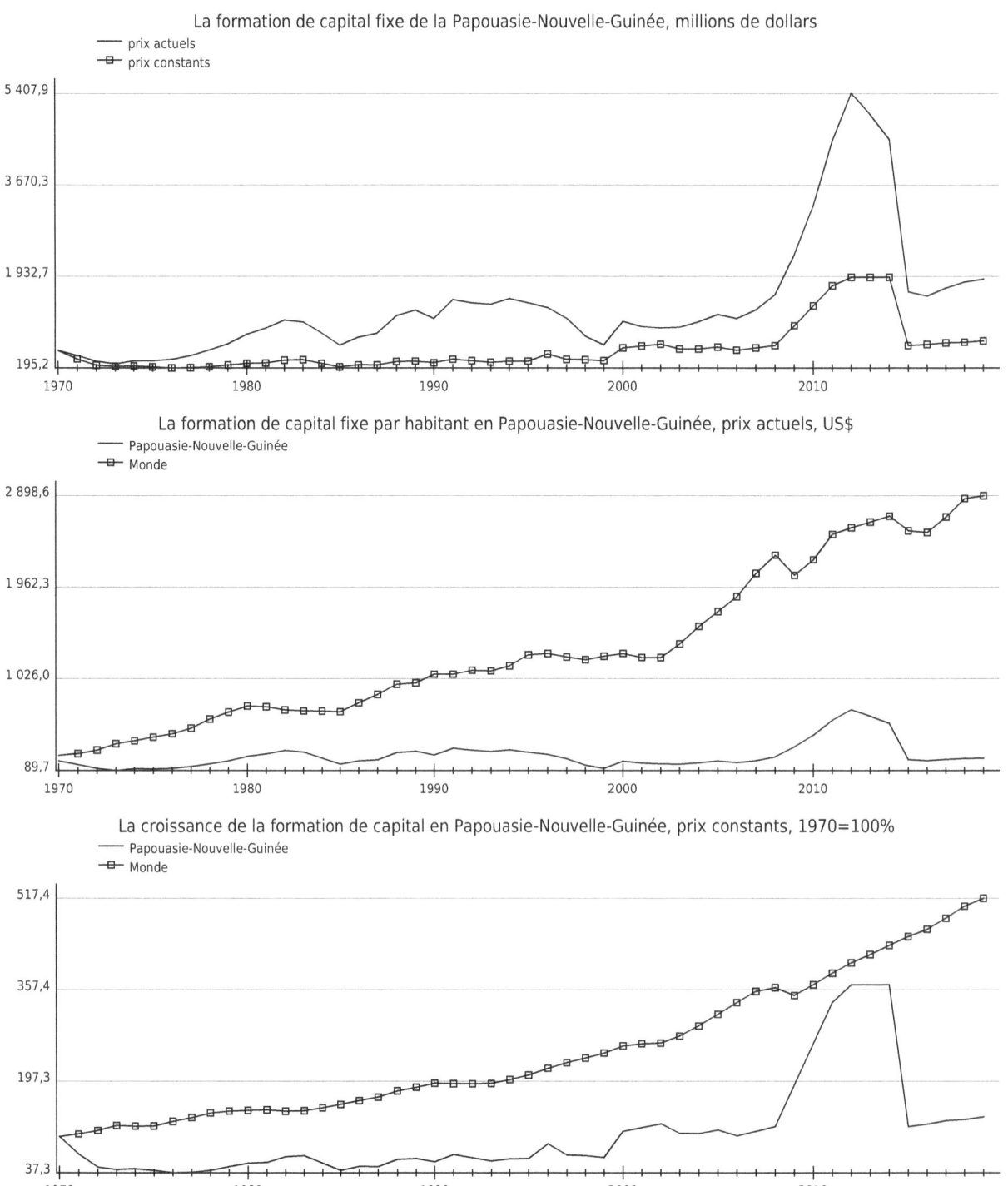

Chapitre XIV. Formation de capital fixe

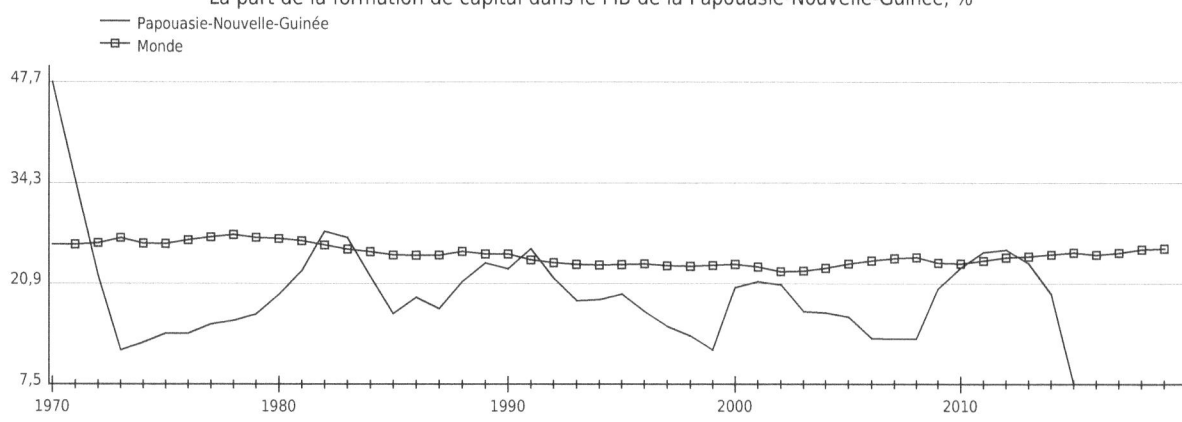

Les années 1970

La formation de capital de la Papouasie-Nouvelle-Guinée était de 416,9 millions de dollars par an dans les années 1970, se classant au 96ème rang mondial. La part dans le monde était de 0,024% et de 1,4% en Océanie.

La part de la formation brute de capital fixe dans le PIB de la Papouasie-Nouvelle-Guinée était de 17,9% dans les années 1970, se situant au 135ème rang mondial, à égalité avec le Mali (17,9%), le Bénin (17,8%), l'Inde (18,0%).

La formation de capital fixe par habitant en Papouasie-Nouvelle-Guinée était de 134 dollars dans les années 1970, se classant au 115ème rang mondial, à égalité avec la Palestine (134,8 de dollars). La formation de capital fixe par habitant en Papouasie-Nouvelle-Guinée était 3,2 fois inférieure la formation de capital par habitant au Monde (433,5 US$), et 10,7 fois inférieure la formation de capital par habitant en Océanie (1 437,8 US$).

La croissance de la formation de capital en Papouasie-Nouvelle-Guinée était de -7.9% dans les années 1970, au 181ème rang mondial. La croissance de la formation de capital en Papouasie-Nouvelle-Guinée (-7,9%) a été inférieure à celle du monde (4,2%), et inférieure à celle de l'Océanie (2,6%).

Comparaison avec les voisins. La formation de capital de la Papouasie-Nouvelle-Guinée était supérieure à celle des Salomon (14,8 millions de dollars); mais inférieure à celle de l'Australie (26,3 milliards de dollars) et de l'Indonésie (5,8 milliards de dollars). La formation de capital fixe par habitant en Papouasie-Nouvelle-Guinée était supérieure à celle des Salomon (77,6 de dollars) et de l'Indonésie (44,8 de dollars); mais inférieure à celle de l'Australie (1 923,9 de dollars). La croissance de la formation de capital en Papouasie-Nouvelle-Guinée était inférieure à celle de l'Indonésie (14,6%), des Salomon (13,1%) et de l'Australie (3,0%).

Comparaison avec les leaders. La formation de capital de la Papouasie-Nouvelle-Guinée était inférieure à celle des États-Unis (381,9 milliards de dollars), de l'URSS (214,6 milliards de dollars), du Japon (191,6 milliards de dollars), de l'Allemagne (125,8 milliards de dollars) et de la France (82,9 milliards de dollars). La formation de capital fixe par habitant en Papouasie-Nouvelle-Guinée était inférieure à celle des États-Unis (1 750,0 de dollars), du Japon (1 720,7 de dollars), de l'Allemagne (1 597,2 de dollars), de la France (1 545,4 de dollars) et de l'URSS (850,9 de dollars). La croissance de la formation de capital en Papouasie-Nouvelle-Guinée était inférieure à celle des États-Unis (4,4%), du Japon (3,9%), de l'URSS (3,2%), de la France (2,7%) et de l'Allemagne (1,5%).

Les années 1980

La formation de capital fixe de la Papouasie-Nouvelle-Guinée était de 955,0 millions de dollars par an dans les années 1980, au 89ème rang mondial à égalité avec la Birmanie (942,9 millions de dollars). La part dans le monde était de 0,025% et de 1,4% en Océanie.

La part de la formation brute de capital fixe dans le PIB de la Papouasie-Nouvelle-Guinée était de 21,7% dans les années 1980, au 98ème rang mondial, à égalité avec la Libye (21,7%), les Tonga (21,7%), d'Israël (21,7%).

La formation de capital fixe par habitant en Papouasie-Nouvelle-Guinée était de 236.9 dollars dans les années 1980, se classant au 120ème rang mondial, à égalité avec les Comores (236,0 de dollars). La formation de capital fixe par habitant en Papouasie-Nouvelle-Guinée était 3,3 fois inférieure la formation de capital fixe par habitant au Monde (790,9 US$), et 11,9 fois inférieure la formation de capital par habitant en Océanie (2 826,6 US$).

La croissance de la formation de capital en Papouasie-Nouvelle-Guinée était de 2.6% dans les années 1980, se situant au 93ème rang mondial, à égalité avec les îles Cook (2,6%). La croissance de la formation de capital en Papouasie-Nouvelle-Guinée (2,6%) a été supérieure à celle du monde (2,5%), et inférieure à celle de l'Océanie (4,9%).

Comparaison avec les voisins. La formation de capital fixe de la Papouasie-Nouvelle-Guinée était supérieure à celle des Salomon (35,9 millions de dollars); mais inférieure à celle de l'Australie (60,4 milliards de dollars) et de l'Indonésie (21,7 milliards de dollars). La formation de capital fixe par habitant en Papouasie-Nouvelle-Guinée était supérieure à celle des Salomon (134,8 de dollars) et de l'Indonésie (132,5 de dollars); mais inférieure à celle de l'Australie (3 872,3 de dollars). La croissance de la formation de capital en Papouasie-Nouvelle-Guinée était supérieure à celle des Salomon (-1,1%); mais inférieure à celle de l'Indonésie (8,7%) et de l'Australie (4,9%).

Comparaison avec les leaders. La formation de capital de la Papouasie-Nouvelle-Guinée était inférieure à celle des États-Unis (958,4 milliards de dollars), du Japon (571,7 milliards de dollars), de l'URSS (271,0 milliards de dollars), de l'Allemagne (238,1 milliards de dollars) et de la France (164,3 milliards de dollars). La formation de capital par habitant en Papouasie-Nouvelle-Guinée était inférieure à celle du Japon (4 713,7 de dollars), des États-Unis (4 002,1 de dollars), de l'Allemagne (3 052,1 de dollars), de la France (2 907,7 de dollars) et de l'URSS (984,8 de dollars). La croissance de la formation de capital en Papouasie-Nouvelle-Guinée était supérieure à celle de la France (2,4%), de l'URSS (1,7%) et de l'Allemagne (1,4%); mais inférieure à celle du Japon (4,8%) et des États-Unis (3,1%).

Les années 1990

La formation de capital de la Papouasie-Nouvelle-Guinée était de 1,2 milliards de dollars par an dans les années 1990, se classant au 102ème rang mondial à égalité avec le Botswana (1,2 milliards de dollars), l'Ouganda (1,2 milliards de dollars), l'Éthiopie (1,2 milliards de dollars). La part dans le monde était de 0,018% et de 1,2% en Océanie.

La part de la formation brute de capital fixe dans le PIB de la Papouasie-Nouvelle-Guinée était de 18,5% dans les années 1990, se situant au 152ème rang mondial, à égalité avec le Nicaragua (18,5%), la Guinée-Bissau (18,5%), la Moldavie (18,6%).

La formation de capital par habitant en Papouasie-Nouvelle-Guinée était de 239.2 dollars dans les années 1990, se situant au 136ème rang mondial, à égalité avec le Turkménistan (238,3 de dollars). La formation de capital fixe par habitant en Papouasie-Nouvelle-Guinée était 4,9 fois inférieure la formation de capital fixe par habitant au Monde (1 183,8 US$), et 15,4 fois inférieure la formation de capital fixe par habitant en Océanie (3 689,1 US$).

La croissance de la formation de capital en Papouasie-Nouvelle-Guinée était de 0.3% dans les années 1990, se situant au 149ème rang mondial. La croissance de la formation brute de capital fixe en Papouasie-Nouvelle-Guinée (0,31%) a été inférieure à celle du monde (2,8%), et inférieure à celle de l'Océanie (3,9%).

Comparaison avec les voisins. La formation de capital fixe de la Papouasie-Nouvelle-Guinée était supérieure à celle des Salomon (58,5 millions de dollars); mais inférieure à celle de l'Australie (91,8 milliards de dollars) et de l'Indonésie (44,5 milliards de dollars). La formation de capital fixe par habitant en Papouasie-Nouvelle-Guinée était supérieure à celle de l'Indonésie (227,2 de dollars) et des Salomon (164,7 de dollars); mais inférieure à celle de l'Australie (5 131,6 de dollars). La croissance de la formation brute de capital fixe en Papouasie-Nouvelle-Guinée était supérieure à celle des Salomon (-1,0%); mais inférieure à celle de l'Australie (4,0%) et de l'Indonésie (2,7%).

Comparaison avec les leaders. La formation de capital fixe de la Papouasie-Nouvelle-Guinée était inférieure à celle des États-Unis (1,6 billions de dollars), du Japon (1,3 billions de dollars), de l'Allemagne (520,7 milliards de dollars), de la France (299,3 milliards de dollars) et du Royaume-Uni (250,0 milliards de dollars). La formation de capital par habitant en Papouasie-Nouvelle-Guinée était inférieure à celle du Japon (10 425,9 de dollars), de l'Allemagne (6 456,6 de dollars), des États-Unis (6 067,2 de dollars), de la France (5 039,5 de dollars) et du Royaume-Uni (4 319,1 de dollars). La croissance de la formation de capital en Papouasie-Nouvelle-Guinée était supérieure à celle du Japon (0,18%); mais inférieure à celle des États-Unis (4,8%), de l'Allemagne (2,4%), du Royaume-Uni (1,7%) et de la France (1,5%).

Les années 2000

La formation de capital de la Papouasie-Nouvelle-Guinée était de 1,3 milliards de dollars par an dans les années 2000, se situant au 132ème rang mondial à égalité avec d'Haïti (1,3 milliards de dollars), le Mali (1,2 milliards de dollars), Malte (1,3 milliards de dollars). La part dans le monde était de 0,011% et de 0,58% en Océanie.

La part de la formation brute de capital fixe dans le PIB de la Papouasie-Nouvelle-Guinée était de 16,9% dans les années 2000, au 180ème rang mondial.

Chapitre XIV. Formation de capital fixe

La formation de capital par habitant en Papouasie-Nouvelle-Guinée était de 195.8 dollars dans les années 2000, au 165ème rang mondial. La formation de capital par habitant en Papouasie-Nouvelle-Guinée était 8,6 fois inférieure la formation de capital fixe par habitant au Monde (1 690,7 US$), et 33,7 fois inférieure la formation de capital par habitant en Océanie (6 596,9 US$).

La croissance de la formation de capital en Papouasie-Nouvelle-Guinée était de 11.6% dans les années 2000, se situant au 26ème rang mondial. La croissance de la formation de capital en Papouasie-Nouvelle-Guinée (11,6%) a été supérieure à celle du monde (3,5%), et supérieure à celle de l'Océanie (5,0%).

Comparaison avec les voisins. La formation de capital de la Papouasie-Nouvelle-Guinée était supérieure à celle des Salomon (67,7 millions de dollars); mais inférieure à celle de l'Australie (191,9 milliards de dollars) et de l'Indonésie (80,2 milliards de dollars). La formation de capital fixe par habitant en Papouasie-Nouvelle-Guinée était supérieure à celle des Salomon (145,9 de dollars); mais inférieure à celle de l'Australie (9 510,9 de dollars) et de l'Indonésie (356,7 de dollars). La croissance de la formation brute de capital fixe en Papouasie-Nouvelle-Guinée était supérieure à celle de l'Indonésie (7,8%), des Salomon (5,7%) et de l'Australie (5,2%).

Comparaison avec les leaders. La formation de capital fixe de la Papouasie-Nouvelle-Guinée était inférieure à celle des États-Unis (2,8 billions de dollars), du Japon (1,2 billions de dollars), de la Chine (1,0 billions de dollars), de l'Allemagne (557,7 milliards de dollars) et de la France (463,9 milliards de dollars). La formation de capital fixe par habitant en Papouasie-Nouvelle-Guinée était inférieure à celle des États-Unis (9 376,4 de dollars), du Japon (8 981,8 de dollars), de la France (7 386,7 de dollars), de l'Allemagne (6 851,1 de dollars) et de la Chine (782,2 de dollars). La croissance de la formation brute de capital fixe en Papouasie-Nouvelle-Guinée était supérieure à celle de la France (1,6%), des États-Unis (0,43%), de l'Allemagne (-0,56%) et du Japon (-2,0%); mais inférieure à celle de la Chine (13,4%).

Les années 2010

La formation de capital fixe de la Papouasie-Nouvelle-Guinée était de 3,1 milliards de dollars par an dans les années 2010, au 128ème rang mondial à égalité avec la Jamaïque (3,1 milliards de dollars), les Bahamas (3,1 milliards de dollars), le Niger (3,1 milliards de dollars). La part dans le monde était de 0,016% et de 0,76% en Océanie.

La part de la formation brute de capital fixe dans le PIB de la Papouasie-Nouvelle-Guinée était de 14,8% dans les années 2010, se classant au 192ème rang mondial, à égalité avec le Burundi (14,9%).

La formation de capital fixe par habitant en Papouasie-Nouvelle-Guinée était de 390.1 dollars dans les années 2010, se classant au 165ème rang mondial, à égalité avec la Birmanie (387,8 de dollars). La formation de capital fixe par habitant en Papouasie-Nouvelle-Guinée était 6,7 fois inférieure la formation de capital fixe par habitant au Monde (2 621,1 US$), et 27,0 fois inférieure la formation de capital fixe par habitant en Océanie (10 543,6 US$).

La croissance de la formation brute de capital fixe en Papouasie-Nouvelle-Guinée était de -3.4% dans les années 2010, au 196ème rang mondial. La croissance de la formation de capital en Papouasie-Nouvelle-Guinée (-3,4%) a été inférieure à celle du monde (4,1%), et inférieure à celle de l'Océanie (1,3%).

Comparaison avec les voisins. La formation de capital fixe de la Papouasie-Nouvelle-Guinée était 19,3 fois supérieure à celle des Salomon (162,3 millions de dollars); mais 115,8 fois inférieure à celle de l'Australie (362,9 milliards de dollars) et 95,9 fois inférieure à celle de l'Indonésie (300,6 milliards de dollars). La formation de capital fixe par habitant en Papouasie-Nouvelle-Guinée était 43,3% supérieure à celle des Salomon (272,1 de dollars); mais 39,2 fois inférieure à celle de l'Australie (15 290,3 de dollars) et 3,0 fois inférieure à celle de l'Indonésie (1 171,9 de dollars). La croissance de la formation de capital en Papouasie-Nouvelle-Guinée était inférieure à celle de l'Indonésie (6,2%), de l'Australie (0,85%) et des Salomon (-0,29%).

Comparaison avec les leaders. La formation de capital de la Papouasie-Nouvelle-Guinée était 1 442,9 fois inférieure à celle de la Chine (4,5 billions de dollars), 1 148,2 fois inférieure à celle des États-Unis (3,6 billions de dollars), 386,1 fois inférieure à celle du Japon (1,2 billions de dollars), 240,1 fois inférieure à celle de l'Allemagne (752,5 milliards de dollars) et 222,3 fois inférieure à celle de l'Inde (696,8 milliards de dollars). La formation de capital fixe par habitant en Papouasie-Nouvelle-Guinée était 28,9 fois inférieure à celle des États-Unis (11 264,9 de dollars), 24,2 fois inférieure à celle du Japon (9 460,2 de dollars), 23,6 fois inférieure à celle de l'Allemagne (9 192,9 de dollars), 8,3 fois inférieure à celle de la Chine (3 224,9 de dollars) et 27,1% inférieure à celle de l'Inde (535,2 de dollars). La croissance de la formation de capital en Papouasie-Nouvelle-Guinée était inférieure à celle de la Chine (8,0%), de l'Inde (5,8%), des États-Unis (3,8%), de l'Allemagne (2,8%) et du Japon (1,8%).